Anna Gamma
Den eigenen Platz im Ganzen finden

via nova
Verlag Via Nova

Anna Gamma

DEN EIGENEN PLATZ
IM GANZEN FINDEN

Persönlichkeitsentwicklung in
einer globalisierten Welt

vianova
Verlag Via Nova

1. Auflage 2017

Verlag Via Nova, Alte Landstr. 12, 36100 Petersberg

Telefon: (06 61) 6 29 73

Fax: (06 61) 96 79 560

E-Mail: info@verlag-vianova.de

Internet: www.verlag-vianova.de

Umschlag: Guter Punkt, München

Satz: Sebastian Carl, Amerang

Druck und Verarbeitung: Appel und Klinger, 96277 Schneckenlohe

ISBN 978-3-86616-399-7

*In dankbarer Erinnerung
an meine Freundin, Lehrerin und Seelenschwester
Pia Gyger*

Inhaltsverzeichnis

TEIL II

Einführung

Je komplexer die Welt, umso mehr verlangen die Menschen nach Orientierung oder sie ziehen sich, da sie sich überfordert fühlen, ganz in ihre private Welt zurück. Manche greifen nach den Sternen und finden Rat in Horoskopen. Andere reduzieren ihre Weltsicht auf einen Schrebergarten, der gefährlicherweise manchmal sogar die Größe eines Landes einnimmt. Wiederum andere verfallen in einen ohnmächtigen Pessimismus. Sie fahren auf einer Autobahn mit dem Blick in den Rückspiegel. Der 2014 verstorbene Nuklearphysiker Hans-Peter Dürr erntete mit dieser Metapher in seinen Vorträgen regelmäßig großes Gelächter. Dann gibt es jene Menschen, die sich in einem Glaubenssystem aufgehoben wissen und genau wissen, was „richtig" und was „falsch" ist. „No future" prägt wiederum eine andere Gruppe. Vielleicht mag es auch sein, dass wir selbst gelegentlich die Lager wechseln und uns mal in dieser, mal in jener inneren Verfassung wiederfinden.

Fest steht, dass die Welt, in der wir leben, immer komplexer wird. Damit einhergehen die immer zahlreicheren Versuche, die Welt als Ganzes in ein Modell zu fassen. Es ist die ewig alte Suche des Menschen nach der Grundmatrix des Universums und des Lebens überhaupt. Die Crux dabei ist, dass Modelle Modelle bleiben und nie die Welt in ihrer Vielschichtigkeit und Lebendigkeit wiedergeben können. Das Leben lässt sich einfach nicht auf ein Modell reduzieren. Und doch gibt es auch hier Lichtblicke. Es gibt Modelle, welche die Komplexität nicht reduzieren, vielmehr mit Paradoxien arbeiten und damit dem Leben näher auf der Spur sind als jene, die allein auf der Basis des logisch-rationalen Verstandes entwickelt wurden. Diese Modelle gründen in der spirituellen Intelligenz, einer Dimension des menschlichen Bewusstseins, die tiefer greift als die mentale Intelligenz.

In diesem Buch werde ich zwei dieser Modelle vorstellen und aufzeigen, wie wir damit nutzbringend in Beruf und Freizeit arbeiten können. Pia Gyger hat diese visionären Modelle in Zusammenarbeit mit Niklaus Brantschen entworfen. Sie selbst nannte sie Landkarten. Landkarten, die helfen, sich in der stetig komplexer werdenden Welt nicht nur zurechtzufinden, sondern auch Werkzeuge an die Hand geben zur aktiven Mitgestaltung der sich globalisierenden Welt. Wer mit diesen Landkarten umzugehen lernt, spürt zudem einen Weg aus der Ohnmacht auf, die uns manchmal im Blick auf die Ereignisse in der Welt überfällt. Gelassenheit und manchmal sogar Dankbarkeit stellen sich ein, in dieser aufregenden Zeitepoche leben zu dürfen und seinen Platz im Ganzen zu finden.

Ich habe den Weg gewählt, zunächst die Umstände zu beschreiben, in denen die Landkarten entstanden sind. Wer an der Entstehungsgeschichte weniger interessiert ist, mag die einleitenden Kapitel überspringen und direkt mit der Darlegung der Landkarten beginnen.

Die erste Landkarte, die „zehn Evolutiven Prinzipien", hat mannigfaltige Wurzeln. Einerseits gründet sie in der evolutiven Sicht von Teilhard de Chardin, einem der bedeutendsten Lehrer von Pia Gyger. Er gehörte zu jenen Naturwissenschaftlern, die in ihrem Fachgebiet Außerordentliches leisten und gleichzeitig auch mystisch hochbegabt sind. Er war ein leidenschaftlicher und von Kollegen hochgeschätzter Paläontologe, der nach dem Übergang von den Primaten zum Homo Sapiens – vom Tier zum Mensch – forschte und an vielen Ausgrabungen in Afrika und Asien mitwirkte. Gleichzeitig entwickelte er in seinen philosophisch-mystischen Schriften ein Menschen- und Weltbild, das gleichermaßen von Erkenntnissen seiner naturwissenschaftlichen Forschungsarbeit wie auch von intuitiv-mystischen Einsichten geprägt war. Pia Gyger war an beiden Erkenntniswegen interessiert. Seine Sicht hat ihren evolutiven Blick geschärft und ihr Schaffen wesentlich inspiriert.

Ein anderer wichtiger Lehrer, bei dem sie ihr Studium zur Heilpädagogik abschloss, war Paul Mohr. Einer seiner Leitsätze für den Umgang mit behinderten Menschen lautet: „Nicht gegen den Fehler kämpfen, sondern für das Fehlende da sein"[1]. Sich in seiner Haltung und im Tun danach auszurichten, kann Wunder wirken. Mitgefühl, Kreativität und Zuversicht werden aktiviert.

---

1   Moor, Paul: Moor, Paul: *Heilpädagogik*. S.317

Das Rohmaterial für die erste Landkarte gewann Pia Gyger dann aber erst während des Abschlusstrainings ihres Zen-Studiums bei Zen-Meister Aitken Roshi in Honolulu, Hawaii. Es war zu der Zeit, als der zweite Golfkrieg im Irak den Nahen Osten und mit ihm die Welt erschütterte. In der Strukturierung und Ausformulierung der grundlegenden Daten war Niklaus Brantschen für Pia Gyger ein wesentlicher Partner. Ohne ihn wäre die Landkarte heute nicht in dieser Klarheit, Stringenz und Wirkmacht verfügbar.

Die zweite Landkarte, das sogenannte „Lassalle-Institut-Modell®", erarbeiteten die beiden gemeinsam. Sie entstand einige Jahre später während eines Aufenthaltes in Jerusalem. Auch für diese Landkarte haben sie die Grundlagen in den Jahren zuvor vorbereitet, nämlich in den Gesprächen während der jährlichen sommerlichen Zen–Studien in Kamakura/Japan, unter dem Zen-Meister Yamada Roshi, während der verschiedenen Aufenthalte am Hauptsitz der Vereinten Nationen in New York und ebenso während der jährlich stattfindenden interreligiösen Konferenzen, zu denen die beiden in das Lassalle-Haus nach Bad Schönbrunn einluden.

Persönlich habe ich an verschiedensten Orten mit verschiedensten Menschen fruchtbringend mit beiden Landkarten gearbeitet: in einer Schule für Europäer und AmerikanerInnen in Ibayo, einem Slum am Stadtrand von Manila/Philippines, in internationalen Peace Camps in der Schweiz während des Balkankrieges und nach Ende des Krieges in den verschiedenen Ländern auf dem Balkan. Auf der Grundlage des Lassalle-Institut-Modells habe ich zusammen mit Mark Saxer, Prof. Dr. Jan-Dirk Rosche und Prof. Dr. Barbara v. Meibom Lehrgänge für Führungskräfte entworfen, initiiert und über viele Jahre bis heute geleitet. Die vielen positiven Rückmeldungen haben mich dazu bewogen, in diesem Buch beide Landkarten darzustellen. Sie sind „nicht eins" und auch „nicht zwei". Sie gehören zusammen und stehen doch auch jede für sich allein. Landkarten sind Orientierungshilfen, nicht mehr, aber auch nicht weniger. Das Besondere an den zehn Evolutiven Prinzipien und dem Lassalle-Institut-Modell ist, dass sie als integrale Instrumente zu einer fundierten Analyse der heutigen Zeit im Wandel anregen und gleichzeitig zu konkreten, zukunftsfähigen Handlungsimpulsen inspirieren.

In den einzelnen Kapiteln werde ich die Instrumente ausführlich darstellen und anschließend anhand von Fragen und Übungen aufzeigen, wie mit ihnen gearbeitet werden kann, zunächst für sich allein in Selbstarbeit, dann aber auch in Freundschaftsgruppen und auf institutioneller Ebene in Arbeitsteams. Ich werde insbesondere Hinweise zur Entfaltung und Förderung einer evolutiv-integralen Dialogkultur geben. Die einzelnen Kapitel werden ergänzt durch Beiträge verschiedener Persönlichkeiten, die mit den Landkarten in ihren je eigenen Kontexten gearbeitet haben.

Möge Ihnen, liebe Leserin und lieber Leser, dieses Buch Mut und Freude machen, den Weg der Persönlichkeitsentwicklung in unserer globalisierten Welt je weiter fortzusetzen, um damit den eigenen Platz im Ganzen zu finden.

Luzern,
November 2016

TEIL I

„Desert Storm"
Oder: Die Entwicklung
der zehn Evolutiven Prinzipien

Ich hatte ein für alle Mal gesehen, dass die Welt,
sich selbst überlassen, mit ihrer ganzen Größe und ihrem gan-
zen Gewicht nicht in Richtung der Dunkelheit, sondern
in Richtung des Lichts ins Gleichgewicht nach vorne fällt.[2]

In unserem Leben speichern wir viele Erinnerungen. Einige fallen sozusagen durch die Maschen und versinken in der Vergessenheit. Andere bleiben
frisch, als hätte das Ereignis eben erst stattgefunden, auch wenn es inzwischen
Jahre zurückliegt. Zu diesen Erlebnissen gehört folgende Geschichte:

Bilder flimmern über den Bildschirm, Bilder, die an die Liveübertragung eines
grandiosen Festes mit einem berauschenden Feuerwerk erinnern. Doch nein.
Die bunten Streifen am Nachthimmel zeigen die Flugspur der Bomber, die in
einem Feuerregen zielgenau die höllische Last über die Kriegsziele im Irak
fallen lassen. „Desert Storm" ist in vollem Gange. Tote gibt es laut den Nach-
richtensprechern keine, denn endlich erlaubt die hochentwickelte Technik das
Führen eines „sauberen" Krieges. Die Kriegsfalken haben die Friedenstauben
überstimmt und gesiegt. Dieser Krieg war in ihren Augen unvermeidlich, ja
notwendig.

---

2   De Chardin, Teilhard P.: *Das Herz der Materie*, S.55

13

Wir schreiben das Jahr 1991. Pia Gyger weilte in dieser Zeit zur Beendigung ihrer Zen-Lehrerausbildung in Hawaii. Nur noch ein paar wenige Wochen fehlten ihr zum Abschluss. Doch dann zog sie diese phantastisch orchestrierte Bilderwelt der Berichterstattung aus dem Irak in ihren Bann. Wie so oft in ihrem Leben wurde sie auch dieses Mal von starken inneren Impulsen gedrängt, Planungen und Verpflichtungen loszulassen und sich ganz dem NEUEN zu stellen. Ich war damals ihre Stellvertreterin in der Leitung des Katharina-Werks. Sie bat mich und das Leitungsteam um Zustimmung für ihr Vorhaben. Sie wollte mit ihrer Entscheidung nicht allein dastehen. Es würde nämlich bedeuten, dass sie das Zen-Training in der vorgesehenen Zeit nicht abschließen und zu einem späteren Zeitpunkt nochmals für eine längere Zeit abwesend sein würde. In der Überzeugung, dass aus der Stille in der Konfrontation mit der Ungeheuerlichkeit des Krieges Heilsames entstehen kann, stimmten wir ihrem Vorhaben zu.

Ihr Lehrer, Robert Aitken Roshi, war erst gar nicht begeistert davon, kurz vor dem Abschluss die Ausbildung zu unterbrechen. Doch als er hörte, mit welcher inneren Aufforderung sie sich dem Krieg auf der anderen Seite der Erdkugel stellen musste, lenkte er mit folgenden Worten ein: I not only allow you to do so. I humbly support you! (Ich erlaube Ihnen nicht nur, dies zu tun. Ich unterstütze Sie demütig.)

Jetzt stand nichts mehr im Wege. Pia Gyger unterbrach das Zen-Training, verabschiedete sich von der stillen Einkehr und öffnete sich dem Geschehen auf globaler Ebene. Sie begann zu fasten und Nachrichten zu sehen mit der Frage, die zugleich auch eine Bitte ist: Christus, zeige mir – zeige uns, was wir tun sollen.

Sie hatte sich die letzten Studienwochen in Honolulu wohl anders vorgestellt: tägliche Meditationszeiten im Zendo von Aitken Roshi, regelmäßige Einzelgespräche mit dem Meister, Selbststudium und ab und zu ein Bad am berühmten Strand von Waikiki. Doch nun saß sie Stunde für Stunde, Tag um Tag in ihrem kleinen Appartement vor dem Fernseher und schrieb. Sie hatte sich Hefte gekauft. Auf der einen Seite sammelte sie die täglichen Nachrichten von den verschiedenen Kriegsschauplätzen. Auf der gegenüberliegenden Seite stand die Überschrift: „Nicht gegen den Fehler kämpfen, sondern für das Fehlende da sein!" Dieser Leitsatz des berühmten Heilpädagogen Paul Mohr war für sie in verschiedenen anderen Projekten bereits wegweisend gewesen. Für das Fehlende da zu sein in einer Kriegssituation, was konnte dies bedeuten? Geübt im intuitiven Schreiben kamen energiegeladene Informationen. Allerdings waren die Texte, die sie zurück in die Schweiz brachte, noch wie ein ungeschliffener Edelstein, sozusagen Rohmaterial. Hildegard Schmittfull war jenes Leitungsmitglied, das in besonderer Weise darauf drang, die Textsammlung auszuarbeiten und die Erkenntnisse einer breiteren Leserschaft zugänglich zu machen.

Die Endfassung und Formung in 10 wegleitende Evolutive Prinzipien entstanden dann in der intensiven Zusammenarbeit mit ihrem langjährigen Weggefährten Niklaus Brantschen. Sie wurden erstmals im Buch „Mensch verbinde Erde und Himmel[3]" veröffentlicht. Konsequenzen für Politikerinnen und Politiker hat Pia Gyger später als Kommentar in der Forschungsarbeit zur Ethik in der Schweizer Politik formuliert.[4]

Im Folgenden wird das jeweilige Prinzip in einer von Pia Gyger formulierten Kurzfassung vorgestellt, sozusagen in seiner Essenz festgehalten. Anschließend werde ich den Text erläutern und aufzeigen, wie wir uns mit Hilfe eines Prinzips als Mitwirkende im großen Prozess der Werdewelt immer tiefer verstehen lernen oder, anders gesagt, wie wir einen Weg aus Angst und Ohnmacht gegenüber globalen Prozessen und Strukturen finden können.

Das Kapitel wird ergänzt durch zwei Beiträge. Maria-Christina Eggers wird die Tiefenstruktur der Prinzipien ausleuchten. Sie hat zusammen mit mir in Sister Pia's Green House School in Ibayo, einem Slum am Stadtrand von Manila, zwischen 1992 und 2000 jährlich jeweils über ein paar Wochen mit den Evolutiven Prinzipien gearbeitet. Der zweite Beitrag kommt von Helen Jäggi Kosic. Sie hat in den 90er Jahren den von Pia Gyger und mir initiierten Lehrgang für junge Erwachsene „LaboRio 21" besucht. Heute lebt sie in Bosnien, bewirtschaftet einen Bauernhof nach den Prinzipien der Permakultur und ist dabei, zusammen mit ihrem Mann Srdjan, ein Zentrum für Transformation aufzubauen.

---

3   Gyger, Pia: *Mensch verbinde Erde und Himmel,* S. 140ff
4   Gamma, Anna. Eugster, Jörg. Grünenfelder, Regula: *Ethik 2006,* S. 162f

Zehn Evolutive Prinzipien
Oder: Landkarte Nummer 1

*Wenn wir über die Kreativität und Versöhnungsbereitschaft, die
Weisheit, Einsicht und Ausdauer nachdenken, die der Mensch
in unserer Krisenzeit aufbringen muss, dann verstehen wir,
wie sehr wir die ungeheuren Kräfte des Universums für unsere
Arbeit, unser Überleben und die Feier unseres Lebens brauchen.
Um als Menschen zur vollständigen Reife zu gelangen, müssen
wir in uns selbst dieselbe Dynamik zum Leben erwecken, die
den Kosmos formte. In uns muss diese kosmische Dynamik,
müssen diese urzeitlichen Kräfte in menschlicher Form neu entstehen. Unsere Aufgabe ist es, die menschliche Ausdrucksform
der zentralen Kräfte im Universum zu finden.*[5]

Pia Gyger beginnt mit der Grundmatrix der Evolution, die sich gleichsam
wie ein roter Faden durch die Entstehungs- und Entwicklungsgeschichte
des Universums zieht und sich im Menschen durch seine bewusste, aktive
Teilnahme weiter trägt. Alle weiteren Prinzipien sind im Wesentlichen eine
Ausfaltung und Konkretisierung des ersten Prinzips, der differenzierenden
Vereinigung. Und da sie alle miteinander verbunden und verwoben sind, werden Überschneidungen und Wiederholungen unumgänglich sein. Der kursiv
gedruckte, einleitende Text zu den Prinzipien stammt, wie bereits erwähnt, von
Pia Gyger.[6] Sie hat, als treue Schülerin von Teilhard de Chardin, Begriffe von
ihm weitgehend übernommen, Begriffe, die heute nur mit Hilfe eines Lexi-
kons[7] zu verstehen sind. Übersetzungen finden Sie in Fußnoten.

---

5   Swimme, Brian: *Das Universum ist ein grüner Drache*, S. 83
6   Gyger, Pia: *Mensch verbinde Erde und Himmel*, S. 140ff
7   Haas, Adolf: *Teilhard de Chardin Lexikon.*

Das Prinzip der integrierenden Vereinigung
Oder: Alles Leben ist Beziehung

„In allen Phasen der Evolution ist das stets gleiche Prinzip
wirksam: durch Vereinigung Teil eines Größeren zu werden.
Jede neue Vereinigung bedeutet eine komplexere Anordnung
der Materie, eine neue Gestalt und ein Mehr an Bewusstsein."

Die beiden Fragen nach dem Woher und Wohin des Menschen sind alt und bleiben doch ewig jung. Sie begleiten uns, mal bedrängend, dann wieder verlockend, mal als tägliche Herausforderung, dann wieder eher im Hintergrund. Existenziellen Fragen ist eigen, unauslotbar zu sein. Wenn wir uns trotzdem mit ihnen beschäftigen, verstehen wir unser Leben immer häufiger in einem größeren Zusammenhang. Das Leben gewinnt an Tiefe und Sinn. Die Fragen inspirieren Künstler in allen Zeitepochen in ihrem Schaffen. Sie regen die Forschung in den verschiedensten Wissenschaftszweigen je neu an, von der Philosophie und Theologie bis in die Physik und Biologie.

In den atemberaubenden Tiefen der Zeit und des Raumes, in der stetig voranschreitenden Evolution der Materie, des Lebendigen und des menschlichen Geistes scheint des Rätsels Lösung zu liegen. Die einen Wissenschaftler folgen der These von Darwin, der zufolge nur die Stärksten überleben. So ist der Kampf das Mittel der Wahl für Wachstum und Weiterentwicklung auf allen Ebenen – persönlich, gesellschaftlich und planetar. Andere Wissenschaftler, zu ihnen gehörte auch Teilhard de Chardin, interpretieren die Entstehung der Materie, der Pflanzen, Tiere und des Menschen auf grundsätzlich andere Weise: Entwicklung und Fortschritt beruhen auf Vereinigungsprozessen. In Nuklear- und Astrophysik, in System- und Chaostheorie, in Biologie und Mathematik wird die geheimnisvolle, im Universum wirkende Dynamik der Anziehung mit verschiedenen Theorien und Worten beschrieben. Das allen zugrunde liegende Wort aber heißt: Liebe! Es gibt keine Entwicklung ohne Kooperation, ohne Zusammenwirken, angefangen von den kleinsten Partikeln in den kleinsten Räumen bis zu den größten Körpern in den unendlichen Weiten des Universums: Elementarteilchen ziehen sich an. Es entstehen Atome. Atome verbinden sich zu Molekülen. Diese wiederum vereinigen sich zu Molekülketten, die Basis des Lebens auf unserem Planeten. Auf den Punkt gebracht: Die Evolution ist eine einzige Erfolgsgeschichte der Kooperation.

Teilhard de Chardin geht noch einen Schritt weiter. Er postuliert, dass bereits in der unbelebten Materie Bewusstsein vorhanden ist. Er nennt es elementares Bewusstsein. Denn die kleinsten Teile, die in der Nuklearphysik erforscht werden, haben ein bestimmtes Wissen darüber, ob und wie sie zusammenpassen. Im Bereich der Pflanzen und Tiere verortet er das vitale Bewusstsein und bei den höheren Lebewesen das reflexive Bewusstsein. Im Menschen entfaltet sich das Bewusstsein in eine weitere Ebene. Es entwickelt sich das selbstreflektive Bewusstsein. Der Mensch vermag über sich und das Universum nachzudenken, mehr noch: Der Mensch trägt in sich alle Bewusstseinsstufen, elementar, vital, reflexiv und selbstreflexiv. Der Mensch ist zutiefst Teil dieser kosmischen Geschichte. Wann immer wir nach dem Sinn des Lebens suchen, finden wir die kraftvollsten Antworten im stillen Blick und Gewahrsein des nächtlichen Sternenhimmels.

Forschungsergebnisse der Astrophysik haben gezeigt, dass unser Körper aus Sternenstaub besteht. Arnold Benz schreibt dazu: „Unsere Erde mit allen Atomen, die schwerer als Lithium sind, zeugen von der Geschichte der Milchstraße. Der Kohlenstoff und der Sauerstoff in unseren Körpern stammen aus der Heliumbrennzone eines alten Sterns. Zwei Siliziumkerne verschmolzen kurz vor oder während einer Supernova aus Sauerstoff und Silizium. Fluor, mit dem wir die Zähne putzen, wurde in einer seltenen Neutrino-Wechselwirkung mit Neon produziert, und das Jod in unseren Schilddrüsen entstand durch Neutroneneinfang im Kollaps vor einer Supernova. Wir sind direkt mit der Sternenentwicklung verbunden und selbst ein Teil der kosmischen Geschichte.[8] Die alles entscheidende Frage ist, bleibt dieses Wissen eine abstrakte Erkenntnis oder wird es zur Erfahrung, die unseren Alltag prägt. In seinem Buch „Das Universum ist ein grüner Drache" regt der Physiker und Mystiker Brian Swimme zu einer besonderen Atemübung an. Sie ist im Übungsteil aufgenommen.[9]

---

8   Benz, Arnold: *Die Zukunft des Universums*, S. 35
9   Swimme, Brian: *Das Universum ist ein grüner Drache,* S.54

Die zentrale Botschaft dieses evolutiven Prinzips heißt:
Lass dich auf tiefe Begegnungen und Beziehungen ein.

Anregung zur persönlichen Reflektion und Übungen

Jede Entwicklung im Strom der Zeit, in der 15 Milliarden Jahre langen Geschichte des Universums bis zur vergleichsweise Mini-Zeitspanne eines Menschenlebens, ist durchdrungen vom Prinzip der differenzierenden Vereinigung. Doch was bedeutet diese Tatsache für den heutigen Menschen, der sich bewusst in den Dienst dieses universellen Werdeprozesses stellen will? In einer Zeit, da die Erde überbevölkert ist und die physische Vereinigung von Mann und Frau zur Arterhaltung an Bedeutung verloren hat? In einer Zeit, da trotz der großartigen, technologischen Möglichkeiten der Kommunikation und Verbindung mit anderen Menschen jenseits aller nationalen Grenzen menschliche Grundbedürfnisse nach Zugehörigkeit und gesundem Selbstwert nicht genügend befriedigt werden?

Teilhard de Chardin postuliert, dass insbesondere die von der Fortpflanzung befreite sexuelle Energie der Weiterentwicklung des Menschen hin zur Menschheit dienen wird. Sexualität bleibt eine treibende Kraft, die Menschen einander näherbringt und Vereinigungsprozesse fördert. Heute steht an, dass wir neben der primär körperlichen Begegnung und Vereinigung einem weiteren Aspekt in der Beziehung vermehrt Achtsamkeit schenken, nämlich der seelisch-geistigen Dimension unseres Menschseins. Es geht ganz einfach darum, psychische Nähe einzuüben. Dazu ist erst einmal notwendig, sich selbst wahrzunehmen und Sprache zu finden für Empfindungen, Gefühle und Gedanken über uns selbst, die Mitmenschen und die Welt.

Die Wir-Runde

Die „Wir-Runde" ist eine einfache Dialogübung für den Austausch in einer Gruppe oder einem Arbeitsteam. Leiten Sie zu Beginn in eine kurze Zeit der Stille ein. Unentschlossene oder widerständige Teilnehmende können gewonnen werden, indem darauf hingewiesen wird, dass Spitzenteams miteinander schweigen können, ja, dass gerade das gemeinsame Schweigen sie in einen besonderen Flow bringt. Sollte dieser Hinweis nicht genügen, dann kann die Einladung, an einem Experiment teilzunehmen, die letzten Hürden beseitigen helfen. Unterstützen Sie die stille Zeit, indem Sie einladen, das Einströmen und Ausströmen des Atems wahrzunehmen. Konzentration und Präsenz nehmen zu. In die Stille können folgende Fragen gestellt werden: Was bewegt und beschäftigt mich im Moment? In Freundschaftsgruppen bereichert besonders folgende Frage: Welche Gedanken und Gefühle werden angeregt, wenn ich für mich persönlich annehme, was die Wissenschaft über den Menschen sagt, ein einzigartiger Ausdruck des Universums zu sein?

Die Fragen können zudem auch ein aktuelles Thema beinhalten, wie beispielsweise den Beginn einer Arbeitswoche, den Inhalt einer Sitzung, ein freundschaftliches Treffen oder auch ein Familiengespräch.

Die einfachen Fragen helfen, den eigenen seelischen Innenraum auszuloten, Sprache zu finden für innere Prozesse und damit nicht nur sich selbst, sondern auch die anderen besser zu verstehen. Wer sich regelmäßig in dieser Weise austauscht, schafft außerdem einen raumlosen Raum des Vertrauens, in dem beglückende Seelenbegegnung zwischen den Beteiligten stattfinden kann.

Sternenatem

Und hier nun die oben angekündigte Sternenübung. Swimme beginnt mit: „Denke darüber nach! Wenn du Atem holst, atmest du die Schöpfung eines Sterns ein. Alles, was du in deinem Leben lebst und erlebst, wird durch die Geschenke dieses Sterns ermöglicht." Wäre Swimme kein Physiker, würde er recht schnell mit dem Etikett „esoterisch" in eine Ecke gestellt. Da er jedoch zur Gilde der Naturwissenschaftler zählt, wagen vielleicht mehr Menschen das Experiment und denken nicht nur über diese außergewöhnliche Tatsache nach, sondern trauen sich, sich für diese wissenschaftliche Erkenntnis in der Erfahrung zu öffnen. So rege ich an:

Setzen Sie sich für einen Moment an einen ruhigen Ort. Lenken Sie Ihre Achtsamkeit auf den Atem. Atmen Sie bewusst ein und aus. Werden Sie sich gewahr, dass Sie sich dabei entspannen. In einem nächsten Schritt verbinden Sie das Einatmen mit dem Gedanken: Ich atme die Schöpfung eines Sterns ein. Wiederholen Sie diese einfache Übung immer wieder. Nehmen Sie wahr, wie Ihr Körper auf diesen Impuls reagiert. Welche Gedanken steigen auf? Welche Gefühle melden sich? Vielleicht wird die Erkenntnis zur berührenden, sinnstiftenden Erfahrung, dass Sie die Selbstbetrachtung und Selbsterkenntnis des Universums sind. In Demut angenommen finden Sie dabei nicht nur zu Ihrer wahren Größe, sondern auch Ihren Platz im Ganzen. Und damit sind wir beim nächsten Prinzip angekommen.

Das Prinzip der wachsenden Personalisation und Sozialisation
Oder: Vom Ich zum Du zum Wir

*„Die Evolution hört nicht im Menschen auf, sondern geht
weiter, in Richtung größerer Personalisation und Sozialisation.
In dem Maße, wie Menschen sich psychisch näherkommen
und vereinigen, werden die Reserven zur Personalisation und
Sozialisation, die in den Einzelmenschen, Völkern, Rassen und
Nationen noch schlummern, geweckt."*

In diesem Prinzip kommt zum Ausdruck, welchen Gewinn wir erzielen, wenn wir uns auf eine größere psychisch-geistige Nähe einlassen. Auf den Punkt gebracht: Wir wachsen und reifen zu eigenständigen Persönlichkeiten, indem wir Beziehungen wagen und die Angst überwinden, in der Verbundenheit mit anderen Menschen uns selbst und damit Freiheit zu verlieren. Der Schritt, der heute ansteht, ist, zu verstehen und entsprechend zu handeln, dass das Prinzip der wachsenden Personalisation und Sozialisation auch auf der kollektiven Ebene, in Unternehmen und Institutionen wie zwischen Völkern und Nationen wirkmächtig ist. Wenn immer Menschen und kleinere wie größere Gruppen sich auf Begegnung und Beziehung auf Augenhöhe einlassen, verlieren sie nicht an Identität und Eigenständigkeit, im Gegenteil: Innere Stärke, Beziehungsfähigkeit und Vertrauen ins Leben nehmen zu.

Wohl in Würdigung der Sprache von Teilhard de Chardin hat Pia Gyger die Begriffe, „Personalisation" und „Sozialisation" aufgenommen. Sie bedürfen der Übersetzung in eine Sprache unserer Zeit. Personalisation meint Selbstkompetenz und damit die immer tiefere Klärung der Frage: Wer bin ich? Martin Buber[10] ist einer der Philosophen, der die Bedeutung der Begegnung mit einem „Du" für den Selbstwerdungsprozess hervorhob, indem er festhält: „Der Mensch wird am Du zum Ich." Auch die Entwicklungspsychologie weiß, wie wichtig liebevolle Begegnungen zwischen einem Kind und seinen Betreuungspersonen für die Entwicklung eines gesunden Selbstwertgefühls sind. Dieser Prozess ist nie abgeschlossen. In der tiefen, vertrauensvollen Beziehung mit einem anderen Menschen entdecken wir immer wieder neue Seiten unserer Persönlichkeit. Damit wird die eigene personale Mitte gestärkt und der Raum der inneren Freiheit weitet sich.

Sozialisation bedeutet im Wesentlichen Beziehungsfähigkeit, eine Kompetenz, die uns vertrauensvolle, tragfähige Beziehungen eingehen lässt und die an Konfliktsituationen nicht scheitert, sondern daraus gestärkt hervorgeht. Das Fundament dazu gewinnen wir in der emotionalen Kompetenz. Es ist die Fähigkeit zu Empathie, tiefem Verstehen, Solidarität und Mitgefühl. Sozialisation heißt immer auch, Verantwortung zu übernehmen im Sinne von „antworten auf die Anfragen und Anforderungen des Alltags". Der Prozess der Sozialisation endet nicht im Familien- und Freundeskreis, auch nicht am Arbeitsplatz. Im Zeitalter der Globalisierung sind wir herausgefordert, nicht nur im Chatraum fremden Menschen auf Augenhöhe zu begegnen, sondern auch den Menschen, die in der neuen „Völkerwanderung" auf Fluchtwegen an unseren Landesgrenzen stranden. In diesem Bereich werden wir in Zukunft bestimmt mit immer größer werdenden Herausforderungen konfrontiert sein.

Die zentrale Botschaft dieses Prinzips lautet:
Sie gewinnen Selbst- und Beziehungskompetenz,
wenn Sie Beziehungen pflegen und aufrechterhalten.

---

10   Buber, Martin: *Ich und Du*, S. 37

Anregung zur persönlichen Reflektion und Übung

Wachsende Selbstbestimmung, Selbstkompetenz und Eigenverantwortung als Folge von größerer psychischer Nähe sind die Stichworte zu diesem evolutiven Prinzip. Ich schlage vor, im Blick auf sich selbst und in die Welt diese These zunächst selbst einmal zu überprüfen. Folgende Fragen mögen dazu hilfreich sein:

Welche Menschen haben Sie gefördert, in eine größere Eigenverantwortung, Selbstbestimmung und Selbstverantwortung hineinzuwachsen? Wie geschah diese Förderung? Erinnern Sie sich an konkrete Ereignisse? Welche Gesprächs- und Begegnungskultur haben Sie gelebt? Wie haben Sie die Beziehung weiter gepflegt? Sind Sie über die Jahre in der inneren Verbundenheit mit diesen Menschen geblieben?

Schreiben Sie Ihre Erfolgsgeschichte und machen Sie anderen Menschen damit Mut.

Mit diesen Fragen sind wir mitten im Prozess angekommen. Denn um sich psychisch näherzukommen, sind bestimmte Formen der Gesprächskultur unabdingbar, insbesondere die Bereitschaft, offen und achtsam zuzuhören.

Offenes und achtsames Zuhören ist im Wesentlichen eine Herzensqualität, die geübt werden kann. Die einfache Übung, sich im eigenen Herzen ein Ohr vorzustellen, das achtsam auch die leisen Töne hört, fördert und stärkt diese Haltung.

Zum Herzenhören gehört ebenso die Bereitschaft, vom Anderen bzw. auch von fremden Menschen lernen zu wollen. Experten, die wir alle irgendwo sind, fällt diese Einstellung besonders schwer. Lassen wir uns jedoch von allen Aussagen berühren, mögen sie uns noch so fremd erscheinen, tritt das Faktenwissen und Sammeln von Informationen in den Hintergrund und ein tiefes Verstehen des anderen Menschen wird möglich.

Achtsames Zuhören lebt zudem davon, dass wir Vorurteile immer neu erkennen, um sie in einem zweiten Schritt loslassen zu können. Es gilt auch, aufmerksam zu werden gegenüber eingeschliffenen Wahrnehmungs- und Denkmustern und gleichzeitig den Mut zu entwickeln, diese zu hinterfragen. Achtsames Zuhören gelingt dann besonders gut, wenn wir das Gegenüber in erster Linie als einmaligen, einzigartigen Menschen wahrnehmen, der auf seine Weise danach strebt, ein glückliches Leben zu führen. Dadurch öffnet sich ein Begegnungsraum, der es ermöglicht, zwischen den Sätzen und Wörtern das Wesentliche zu erkennen und auch das zu hören, was oft unausgesprochen bleibt.

Die Bereitschaft, voneinander zu lernen, Bewertungen zu hinterfragen und den anderen als einzigartigen Menschen auf der Suche nach der Erfüllung seines Lebenssinns zu verstehen, fördert auch das Verständnis zwischen Völkern und Nationen. Diese Haltung führt aus Ohnmacht und Angst, lässt uns furchtlos neue Wege des friedvollen Zusammenlebens in der globalisierten Welt finden.

Das Prinzip der Nicht-Verschmelzung
Oder: Ich bin Ich

„Echte Vereinigung führt nicht zur Verschmelzung und zur Auflösung, sondern zum größeren „Bei-sich-sein". Dies gilt sowohl auf individueller wie auch auf kollektiver Ebene."

Wer kennt sie nicht, die symbiotischen Verschmelzungsängste, auf die dieses Prinzip hinweist. Nähe macht Angst und gleichzeitig sehnen wir uns danach. Es ist die Angst, Autonomie und Selbstständigkeit zu verlieren.

Nach Teilhard de Chardin weisen lebendige, evolutive Vereinigungsprozesse auf der individuellen wie kollektiven Ebene zwei Merkmale auf. Sie heißen kurz gefasst: „ungetrennt" und „unvermischt". „Ungetrennt" bedeutet, dass einzelne Teile (Zellen, Menschen, Volksgruppen, Nationen) in Berührung bleiben müssen, ansonsten zerfällt ein Organismus nach und nach. „Unvermischt" weist darauf hin, dass Verschiedenheit ein zentraler Motor ist für jede Weiterentwicklung. Erst durch die Verbindung von sich unterscheidenden Einheiten kann ein neues Ganzes entstehen. So gesehen verdienen nicht alle Vereinigungsprozesse evolutiv genannt zu werden. Was von den Verantwortlichen als Fusion von Abteilungen und Firmen, als Vereinigung von Völkern und Nationen dargestellt wird, zeigt sich in einem zweiten Blick nicht selten als feindliche Übernahme, Zwangsmaßnahme, oder in einer milderen Form als Vereinnahmung.

Auf der individuellen Ebene weist dieses Prinzip auf verschiedene Gefahren und spezifische Ängste in der Entwicklung der Persönlichkeit hin:

- Es gibt Zeiten, in denen der Kontakt zur inneren Mitte, dem „Bei-sich sein" schwach oder gar abgebrochen ist. Hektik und Stress sind Auslöser dieser Verlorenheit. Wir sind sozusagen verschmolzen mit den Ansprüchen und Anforderungen der Außenwelt, mit Funktionen, Rollen und Aufgaben. Die sichere, innere Verankerung, der innere Pilot, steht nicht mehr ausreichend zur Verfügung. Die Folgen sind mangelnde Klarheit und Entschlossenheit, adäquate Entscheidungen zu fällen.

- Auf der persönlichen Ebene gibt es eine weitere Verschmelzungsgefahr. Verschiedene Persönlichkeitsanteile in uns, wie beispielsweise der Kritiker oder die Perfektionistin, fordern Aufmerksamkeit und entsprechende Bedürfnisbefriedigung. Fehlt die Kraft zum „Bei-sich-sein", so werden wir Spielball der verschiedenen Stimmen. Sie wollen weit mehr als nur Beachtung. Sie streben die Herrschaft bzw. Verschmelzung der Person mit ihren eigenen Ansichten, Bedürfnissen und Urteilen an. Wenn dies geschieht, schrumpft der Raum der inneren Freiheit zusammen. Wir befinden uns eingekapselt im egozentrischen Ich.

- Eine andere Gefahr liegt auf der Ebene der menschlichen Beziehungen. Aus Angst, die Beziehung zu einer geliebten Person zu verlieren oder in einer Gruppe ausgegrenzt zu werden, passen wir uns an. Meistens ist diese Anpassungsleistung nicht reflektiert und gelegentlich sogar dem Bewusstsein nicht einmal unmittelbar zugänglich. Wir verschmelzen sozusagen mit der geliebten Person oder beugen uns dem Gruppendruck und verlieren dadurch inneren Halt und eigene Positionierung.

Auf der kollektiven Ebene sind ähnliche Grundmuster zu beobachten: Firmenfusionen scheitern häufig daran, dass das Prinzip der Nicht-Verschmelzung nicht genügend beachtet wurde. Und Staatenbündnisse enden nicht selten in Bürgerkriegen oder fallen gar auseinander, wenn die Verschiedenheit der Volksgruppen und Ethnien nicht genügend gewürdigt wird.

Das Versprechen dieses Prinzips heißt:
Psychisch-geistige Nähe fördert Identität
und stärkt innere Autorität.

Anregung zur persönlichen Reflektion und Übung

Das Prinzip der Nicht-Verschmelzung lädt uns ein, achtsam zu werden in der Beziehung zu uns selbst, zu Freundinnen und Freunden und in Bezug auf unser Beziehungsverhalten in Gruppen und Teams. Es geht um die Frage, ob wir in den Beziehungen in unserer persönlichen Identität und unserem Selbstbewusstsein gestärkt werden und gleichzeitig wachsen in der Wahrnehmung unserer Verbundenheit mit der Erde, der Menschheit bzw. dem größeren Ganzen.

In Phasen der Unsicherheit können einfache, aber nicht weniger kraftvolle Übungen, die mit einer gewissen Entschlossenheit auch in einem geschäftigen Alltag praktiziert werden können, das „Bei-sich-sein" fördern:

- Sprechen Sie in sich hinein am Morgen beim Aufwachen, gelegentlich auch tagsüber und am Abend vor dem Einschlafen: ICH BIN ICH. Lassen Sie diese Worte in sich nachwirken. Achten Sie auf die Reaktionen Ihres Körpers. Welche Gedanken und Gefühle tauchen auf?

- Haben Sie durch die Anforderungen der Außenwelt die innere Verankerung verloren, dann helfen 3-mal 3 Stopps. Halten Sie 3-mal am Tag inne, lehnen Sie sich zurück und folgen Sie achtsam und bewusst drei Atemzügen. Sie werden sich entspannen, eine zentrale Voraussetzung, um mehr bei sich selbst anzukommen.

- Hat eine Ihrer Persönlichkeitsanteile Macht über Sie gewonnen, dann sprechen Sie diese freundlich an und sagen beispielsweise der inneren Perfektionistin: Ich bin mehr als eine Perfektionistin. Und lächeln Sie Ihrer Perfektionistin zu.

- Stellen Sie fest, dass Sie sich in einer Beziehung oder in einer Gruppe zu sehr anpassen, dann erlauben Sie sich, das „Nein" in Freundschaft zu üben. Um größere Konflikte zu vermeiden, lassen Sie Ihr Gegenüber am besten wissen, dass Sie dabei sind, das „Nein" in der Beziehung zu üben. Gestatten Sie sich, in einer Entscheidung erst einmal nein zu sagen und diese zu überdenken. Vielleicht finden Sie dann in einem nächsten Schritt doch noch zu einem Ja.

- Im Blick auf aktuelle, globale Ereignisse und Entwicklungen (Wiedervereinigung von Deutschland, Entwicklung von Europa und Vereinte Nationen) lässt sich dieses Prinzip bzw. seine Nichtbeachtung in Gesprächen mit Freunden und Kolleginnen leicht überprüfen und nachvollziehen.

Das Prinzip der Pluralität
Oder: Die Farbigkeit der Welt

„Ohne Annahme der Pluralität gibt es weder auf der individuellen noch auf der kollektiven Ebene echte Vereinigung."

Dieses Prinzip betont die zweite Voraussetzung einer gelingenden evolutiven Vereinigung, nämlich die Annahme der Verschiedenheit aller Dinge. Jeder Baum, jeder Mensch und jedes Volk ist verschieden, auch wenn sie zur selben Gattung oder Art gehören. So sehr Menschen und Völker darauf drängen, in ihrer Einzigartigkeit anerkannt zu werden, so sehr fällt es uns schwer, mit Verschiedenheit gut umzugehen. Ohne Anstrengung, ohne innere und äußere Suchprozesse kann dieses Prinzip nicht verwirklicht werden. Dieses Thema wird im nächsten, dem fünften Prinzip weiter vertieft.

Die einfachste Form, zunächst Zugang zum Prinzip der Pluralität zu finden, ist, offen zu werden für Verschiedenheit auf allen Ebenen und in allen Bereichen. Die Welt vor unseren Augen zeigt sich in einer großen Fülle an Verschiedenheit. Lernen wir, Verschiedenheit anzuerkennen und die Einzigartigkeit darin anzusprechen und zu würdigen, so wirkt diese Haltung befreiend auf uns selbst zurück. Und sie aktiviert erstaunlicherweise die Erfahrung der Einheit aller Dinge.

Verschiedenheit wird von dem Moment an gefährlich, wenn die Verbundenheit wegbricht und Trennung im Raum steht. Dann kann Pluralität zu Streit, Kampf und auf der Völkerebene auch zu Krieg führen. So stärkt jedes Annehmen und Würdigen von Verschiedenheit das Feld des Friedens auf unserem Planeten. Diese Erfahrung durften Pia Gyger, Niklaus Brantschen und ich immer wieder machen, als wir dieses Prinzip in eine Dialogkultur umsetzten und es im Rahmen von buddhistisch-christlichen Tagungen anwendeten.

Übertragen auf die Dialogkultur legt dieses Prinzip folgende Haltungen nahe:

Bereitschaft, die Ergänzungsmöglichkeiten in den Unterschieden und Widersprüchen wahrzunehmen.

Wir werden mehrheitlich von einen Autopilot bestimmt, der bei Unterschieden, Meinungsverschiedenheiten und Widersprüchen voreilig zu der Bewertung greift: Ich habe recht – Du bist im Irrtum. Meinungsverschiedenheiten herauszuarbeiten und sie erst einmal als solche stehen zu lassen, erfordern ein gesundes Selbstbewusstsein. Indem Ergänzungsmöglichkeiten in allen Unterschieden gefunden werden, wachsen sozusagen als Nebenprodukt geistige Offenheit, Wachheit und Kreativität. Diese Haltungen sind notwendige Voraussetzung für einen dialogischen Prozess, in dem Parteien, auch wenn sie noch sehr verstritten sind und in ihren Positionen weit auseinanderliegen, zu einem gemeinsamen Verständnis finden können.

Bereitschaft, sich an den nationalen, kulturellen und weltanschaulichen Unterschieden zu freuen und sie zu feiern.

Diese Bereitschaft zu leben, ist sehr anspruchsvoll und setzt neben der Kunst des achtsamen Zuhörens und der Bereitschaft, Ergänzungsmöglichkeiten in Unterschieden finden zu wollen, auch eine tiefe Form der gegenseitigen Wertschätzung voraus. Sind diese Voraussetzungen gegeben, so öffnet das Feiern von Unterschieden den Raum, Freude an Unterschieden empfinden zu können.

Im Rahmen von interreligiösen Tagungen in Bad Schönbrunn in den 90er Jahren des letzten Jahrhunderts haben wir dieses Lebensprinzip häufig erfahren dürfen. Zusammen mit Buddhisten entwickelten wir Liturgien, in denen Texte aus den heiligen Schriften beider Traditionen, Lieder und Gebete gleichwertig nebeneinander standen. Das Feiern löste bei allen Beteiligten eine tiefe Berührung aus, bei Christen häufig auch Scham und Schuldgefühle über eine falsch verstandene Missionierung von Menschen und Völkern anderer Kulturen und Religionen.

> *Das Versprechen dieses Prinzips lautet:*
> *Das Leben wird reicher und farbiger,*
> *wenn du Verschiedenheit wertschätzen lernst.*

Anregung zur persönlichen Reflektion und Übung

Hier wirkt folgende Gretchenfrage erhellend: Wie halten Sie es mit der Pluralität?
  Geben Sie dazu konkrete Beispiele.

Weiterführend sind auch folgende Fragen:

Wie viel Verschiedenheit können Sie zulassen? In welchen Situationen erfahren Sie Grenzen, innere und äußere Widerstände? Welche Haltungen und Umstände fördern und welche hindern das Anerkennen von Meinungsverschiedenheiten und von Verschiedenheit in Kultur, Religion und Geschlecht?

Wer sich in diesem Prinzip üben will, wird in Gesprächen dann aufmerksam und hält inne, wenn Bewertungen von „hier richtig, dort falsch", „dieser gut, jener böse" auftauchen. Zu Beginn dieses Weges droht leider die Falle des mahnenden Zeigefingers. Humor und der Hinweis, nach Ergänzungsmöglichkeiten in den unterschiedlichen Positionen zu suchen, helfen, aus dieser Sackgasse herauszufinden.

Und vergessen Sie nicht, auch hier gilt: Das Erzählen von positiven Erfahrungen stärkt die Bereitschaft, die sich mit steter Übung zur Fähigkeit entwickelt, Unterschiede zuzulassen, sie wertzuschätzen und sich an der Farbigkeit der Welt zu freuen.

Das Prinzip der Vereinigung durch Anstrengung und Mühe
Oder: Warum sich Leiden lohnt

„Das Einswerden (in Pluralität, ohne Verschmelzung) verlangt
das je neue Überwinden einer „ontologischen[11] *Trägheit",*
die ebenso zur Menschheit gehört, wie der Drang nach
Vereinigung."

In den letzten beiden Prinzipien habe ich bereits angesprochen, dass „Nicht-Verschmelzung" und „Annahme der Pluralität" nicht ohne Mühe und Anstrengung realisiert werden können. Die Einzigartigkeit unserer Person, von Institutionen, einem Volk oder einer Nation wird nicht ein für alle Mal erworben. Zwei Metaphern verdeutlichen diesen dynamischen Prozess: Diamant und Geheimnis.

So wie ein Rohdiamant geschliffen werden muss, damit seine volle Schönheit und Kostbarkeit sichtbar werden kann, werden auch wir im Laufe unseres Lebens durch Schicksalsschläge, Scheitern und Konflikte geschliffen. Das innere „Ja" zu diesen schweren Zeiten hilft paradoxerweise, nicht in einer Opferhaltung stecken zu bleiben. Und die Mühe lohnt sich, denn wie der Diamant finden auch wir allein durch das Annehmen des Schleifungsprozesses zu unserer wahren Identität und Größe.

---

11   „allem Seienden": Anmerkung der Autorin

Die Einzigartigkeit jedes Menschen und jedes Phänomens bleibt im letzten jedoch ein Geheimnis. Deshalb ist jede Festlegung und Fixierung Stückwerk. Lebenslanges Lernen und damit die Bereitschaft, zur Gewohnheit gewordene Vorstellungen und Gedankenmuster über sich selbst, die anderen und die Welt je neu zu hinterfragen und loszulassen, gehört wesentlich zu diesem Prinzip.

Auf die Dialogkultur übertragen, verlangt dieses Prinzip insbesondere nach der

Bereitschaft, auftauchende Spannungen und Konflikte
auszuhalten und sie auf konstruktive Weise zu lösen.

Wo immer Menschen zusammen leben und arbeiten, bleiben Spannungen und Konflikte nicht aus. Die Menschen sind deshalb nicht besonders schlecht. Die Frage ist bloß, welche Haltung wir zu diesen zwischenmenschlichen Schwierigkeiten einnehmen und wie wir damit umgehen. Nehmen wir die Anstrengung an und sprechen wir Meinungsverschiedenheiten und Spannungen an, oder kehren wir sie einfach unter den Teppich? Das Verschweigen und Verdrängen von Konflikten ist leider nur kurzfristig eine gute Lösung. Ungeklärt und unversöhnt schweben sie im Untergrund weiter. Dann und wann melden sie sich, oft unerwartet explosiv und auch in den denkbar ungünstigsten Zeiten. Das Zusammenleben und gemeinsame Arbeiten wird kompliziert und ungemütlich. Kriege – auch wenn nur im eigenen Herzen – sind die Folge. So beginnt unser Beitrag an einer friedvolleren Welt damit, dass wir Unstimmigkeiten ansprechen, die hartnäckig über Tage unser Denken beschäftigen.

Das Versprechen dieses Prinzips heißt:
Im konstruktiven Umgang mit Pluralität und Konflikten
wachsen und reifen alle Beteiligten.

Anregung zur persönlichen Reflektion

Um dieses Prinzip auf der persönlichen Ebene zu verstehen lohnt sich ein Blick zurück ins eigene Leben. Prüfen Sie selbst, wie die Aussage „so viel Vereinigung, so viel Leiden" sich in Ihren Beziehungen manifestiert hat. Folgende Fragen mögen dabei helfen:

Warum ist eine bestimmte Beziehung gescheitert und haben Sie diese abgebrochen? Was hat dazu beigetragen, dass Sie sich von einer Freundschaftsbeziehung verabschiedet haben? Was haben Sie getan, dass eine Beziehung lebendig geblieben ist?

Sie werden bestimmt sehr bald entdecken, dass keine Beziehung, auch wenn die andere Person noch so anziehend und liebevoll ist oder war, ohne Arbeit an der eigenen Persönlichkeit und ohne Aufmerksamkeit für das Beziehungsgeschehen lebendig und aufbauend geblieben ist.

Das Thema der konstruktiven Konfliktlösung werde ich im Prinzip der Synergie weiter vertiefen.

Das Prinzip der Metamorphose
Oder: Von der Raupe zum Schmetterling

„Von einem bestimmten, kritischen Punkt an kann ein Organismus nicht mehr wachsen, ohne sich zu wandeln. Dieses evolutive Gesetz der Metamorphose gilt auch für die Menschheit."

Dieses Prinzip scheint mir das anspruchsvollste zu sein. Es weist darauf hin, dass gelegentlich grundlegende Transformationsprozesse anstehen, die alle Beteiligten bis aufs Äußerste herausfordern. Zwei Beispiele aus der Biologie mögen dies verdeutlichen:

In der Entwicklung der Biosphäre, der Entstehung und Entwicklung von Pflanzen und Tieren, gab es auf unserem Planeten mehrere kritische Phasen, die die Weiterexistenz des Lebens bedrohten. Zur Zeit, als die Erde allein von Einzellern bewohnt wurde und ihre Nahrung ausging, gab es wohl die erste planetare Ernährungskrise. Hätten diese einfachen, kleinen Lebewesen nicht einen radikal neuen Weg gefunden, wäre das Leben auf unserem Planeten ausgestorben. In dem Buch „Unsere einsame Erde" beschreiben Peter Ward und Donald Brownlee diesen spektakulären, evolutionären Entwicklungsschritt: „Der Sprung vom Einzeller zum Organismus mit vielen Zellen erfordert eine Anzahl evolutionärer Schritte. Dies gilt in verstärktem Maß für den Sprung vom Einzeller zu den metazoischen Tieren, die ein hohes Maß an interzellularer Kooperation und Organisation benötigen. In ihrem neuen Buch „Zellen, Embryos und Evolution" diskutieren die Biologen John Gerhart und Marc Kirschner diesen evolutionären Fortschritt. Der erste Schritt erscheint ihnen recht paradox: Der Übergang wurde gerade durch den Verlust eines wichtigen Strukturelements ermöglicht: Vor langer Zeit in der Geschichte unseres Planeten gingen einige Eukaryonten einen mutigen (und letztlich glücklichen) Weg; sie verloren ihre äußere Zellwand. Warum das passierte, ist noch unklar, aber es hatte weitreichende Auswirkungen. Eine stabile Außenhaut schützt die meisten einzelligen Organismen vor ihrer Umgebung. Gleichzeitig kommt es aber zur Isolation gegenüber den eigenen Artgenossen. Einzeller, die sich dieses äußeren Walls entledigt haben, können Substanzen und Informationen miteinander austauschen. Solche nackten Zellen können sich aneinander heften und kommunizieren. Hierbei handelt es sich um die ersten Schritte zur Bildung eines Gewebes, eines Zusammenschlusses von Zellen zum gemeinsamen Nutzen."[12] „Mutige" Einzeller lassen in äußerster Not, um letztlich am Leben zu bleiben, ein für sie bis dahin überlebensnotwendiges Strukturelement, die Außenhaut, los. Werden wir Menschen von diesen unscheinbaren, dem menschlichen Auge verborgenen Wesen lernen und in großer Not, genauso wie sie, bisher identitätsstiftende Elemente loslassen, um den für unser Überleben notwendigen Organismus Menschheit aufzubauen?

Ein weiteres, hoffnungsvolles Beispiel können wir jeden Sommer in der Natur beobachten, die großartige Wandlungskünstlerin Raupe, die sich zum zauber-

---

12 Ward, Peter und Bronlee, Donald: *Unsere einsame Erde,* S. 126

haften Schmetterling transformiert. Dieser gewaltige Wandlungsprozess ist von vielen Biologen erforscht und im Detail beschrieben worden.[13] Hier ist es nicht Nahrungsmangel, der den entscheidenden evolutionären Schritt auslöst, sondern im Gegenteil, Sattheit. Die pralle Raupe bildet den Kokon. In ihm entstehen kodierte Scheiben, sogenannte „imaginal cells", die bereits den genetischen Kode des Schmetterlings tragen. Im Inneren des Kokons findet nun ein, aus menschlicher Sicht, dramatischer Kampf statt. Die Raupe nimmt diese Scheiben als Fremdkörper wahr und stuft sie sogar als gefährlich ein. Diese Botschaft wiederum aktiviert das Immunsystem der Raupe. Es versucht die „Fremdkörper" zu zerstören. Die Imaginalscheiben[14] haben zwei Vorteile. Sie besitzen die Fähigkeit, in Resonanz zu treten und sich untereinander zu verbinden. Außerdem vermehren sie sich sehr schnell. Gewinnen die Imaginalzellen die Überhand, kollabiert das Immunsystem der Raupe und der prachtvolle Schmetterling kann endlich aus dem unscheinbaren Kokon ausschlüpfen. Hand aufs Herz: Sind Sie, liebe Leserin, lieber Leser, eine „imaginal cell" oder sind Sie Teil des Immunsystems?

> *Die Einladung dieses Prinzips lautet:*
> *Übe dich im Vertrauen, wenn Veränderungsprozesse anstehen,*
> *und verbinde dich mit anderen Menschen, welche die materielle*
> *und immaterielle Weiterentwicklung auf persönlicher,*
> *institutioneller und globaler Ebene im Blick haben.*

Übung

Eine sehr schöne Übung, die auch Kinder gerne mitmachen, ist der Weg der Transformation von der Raupe zum Schmetterling:

Schließen Sie die Augen und stellen Sie sich vor, Sie seien eine große grüne Raupe auf einer Sommerwiese bei strahlendem Sonnenschein. Es wird Abend. Sie sind wohlig, satt vom Blattgrün der Blumen. Langsam beginnen Sie sich

---

13 Nori Huddle zitiert im Film „Humantity Ascending" von Barbara Marx Hubbard
14 Von Sengebuch, Peter: Molukular- und Zellbiologie, S. 583f

einzupuppen, bis Sie vollkommen eingeschlossen in diesem grau-braunen Panzer sind. Ihre äußere Gestalt hat sich komplett verändert. Im Schutz der Dunkelheit und geborgen durch die Puppenhaut beginnt sich Ihre Gestalt weiter umzuformen. Sie können die Veränderung noch nicht sehen, doch Sie spüren, dass es in Ihnen arbeitet. Doch dann – plötzlich wird der Schutzraum zu eng. Sie beginnen sich zu dehnen und zu strecken. Dabei sprengen Sie den Panzer der Puppe, beginnen Ihre bunten Flügel auszubreiten und tanzen in den Sonnenstrahl hinein.

Genießen Sie diese spielerische Transformation, vielleicht macht es Ihnen auch Freude, diesen geheimnisvollen Wandlungsprozess zu malen. Versuchen Sie zudem in Ihrem eigenen Leben Resonanz für diese Erfahrung zu finden.

Das Prinzip der Emergenz
Oder: Die Zukunft ist offen

„Mit Emergenz bezeichnet man jenes schöpferische Geschehen in der Evolution, das wirksam wird, wenn durch integrierende Vereinigung eine neue Synthese und eine neue Gestalt entstehen, also etwas Neues auftaucht, d.h. emergiert. Das Neue, das emergiert, ist aus den früheren Gestalten und Zuständen nicht ableitbar, nicht voraussehbar und nicht manipulierbar."

Wussten die mutigen Einzeller, ob sie nicht nur überleben, sondern der Evolution auf dem Planeten zum nächsten Quantensprung verhelfen würden, indem sie die Außenhaut losließen? Wir wissen es nicht. Weiß die Raupe um den Schmetterling, der sie einmal sein wird? Auch darüber wissen wir nichts. Im wahrsten Sinn des Wortes bahnbrechend in diesem Beispiel sind die „imaginal cells", Zellen, die eine mögliche Zukunft als „Wissen" in sich tragen und schlussendlich erfolgreich sind.

Inspiriert von diesen visionären Zellen habe ich in Wesensmerkmalen des Menschen nach möglichen Entsprechungen gesucht und bin fündig geworden. Aus meiner Sicht sind es die Tiefenimpulse, die sich irgendwo, gelegentlich auch unter der Dusche oder irgendwann, meistens in stillen Stunden, melden. Damit diese Impulse nicht in der Geschäftigkeit des Alltags untergehen, braucht es ein bestimmtes Training, ein Einüben der Haltung, die Antennen immer wieder nach innen zu richten und achtsam nach innen zu hören. Es braucht zudem eine klare Entscheidung, diesen Aufforderungen zu gehorchen, damit sie in unserem Leben wirkmächtig werden können. In meiner spirituellen Gemeinschaft nennen wir dies: dem eigenen Wesen gehorsam zu werden und in Treue zu sich selbst, große wie kleine Entscheidungen zu treffen. Das geht meist nicht ohne innere Auseinandersetzung, denn die Stimmen aus der Tiefe stehen häufig auch im Streit mit den oberflächlichen Bedürfnissen. Ohne Vertrauen in die eigene Tiefe, in den evolutiven Lebensstrom, der in uns in einzigartiger Weise zum Ausdruck kommen will, bleiben wir in unserer Entwicklung stehen. Wir brauchen Mut und Urvertrauen, weil wir nie wissen, was auf uns zukommt, wie wir uns verändern werden und ob die Kraft reicht, alle Wandlungen mit allen Konsequenzen zu (er-)tragen.

In der Begleitung von Menschen, die den Zen-Weg gehen, habe ich ein weiteres Phänomen beobachten können: Männer wie Frauen machen die Erfahrung, dass sie mit sich selbst sozusagen schwanger gehen, sich ausbrüten. Es sind Zeiten der Ungewissheit, Zeiten, in denen es in uns arbeitet, sich innerlich etwas vorbereitet, ohne dass wir wissen, wohin es uns führen wird. Auch Krankheiten können Metamorphosen, evolutionäre Entwicklungssprünge begünstigen. Solche Phasen durchleben häufig Kinder, aber auch Erwachsene. Der Körper „verordnet" uns gelegentlich eine Auszeit. Es liegt in unserer Entscheidung, ob wir solche geschenkten Seelenzeiten nutzen und in den vielen Stunden im Bett still nach innen hören und uns dem inneren Transformationsprozess überlassen, der mit dem Heilungsprozess einhergehen kann, vielleicht sogar einen wesentlichen Anteil daran hat.

Auch für die Dialogkultur können wir aus diesem Prinzip wesentliche Anregungen entnehmen. Viel zu oft meinen wir in einem Gespräch zu wissen, was die andere Person uns sagen will, noch bevor sie den Satz zu Ende geredet hat. An diesem Punkt setzt dieses Prinzip an. Es regt dazu an, zunächst einmal die eigenen Annahmen und Vorurteile zu einem Thema oder zu einer Person zu erkennen und in der Schwebe zu halten. In der Zen-Tradition wird diese Haltung hoch geschätzt und als „Anfängergeist", als „Nichtwissendes Wissen" umschrieben. Über die einfache Übung, dem eigenen Atem achtsam zu folgen, verliert der Autopilot unseres inneren Geschwätzes mit der Zeit die Herrschaft. Wir werden frei, Menschen und Dinge wirklich zu sehen, gewahr zu werden, wie sie im Moment gegenwärtig sind. Das ist ein erster wichtiger Schritt, mehr noch, eine grundlegende Voraussetzung, dass das „Neue" sich zeigen kann. Wie im Zen so geht es auch in der Dialogkultur um die

> *Bereitschaft, das emergierende Neue in die Beziehung, das*
> *Projekt / die Institution / das Unternehmen zu integrieren.*

Das emergierende Neue drängt immer danach, Gestalt anzunehmen.

Dieses Prinzip lehrt uns, zu erkennen, dass das wirklich Neue nicht mit dem mentalen Geist geplant, auch nicht am grünen Tisch entworfen oder sonstwie vorhergesehen und ebenso wenig aus der Vergangenheit abgeleitet werden kann. Es ist die Zukunft, die sich sozusagen in der Gegenwart meldet.

> *Die zentrale Botschaft dieses Prinzips lautet:*
> *Auch das Unmögliche ist möglich.*

Anregung zur persönlichen Reflektion und Übung

Für das bessere Verständnis dieses Prinzips lohnt sich auch hier ein kurzer Rückblick ins eigene Leben. Wann gab es Zeiten, in denen das Bisherige und Vertraute nicht mehr stimmig für uns war, innere Unruhe und eine bestimmte Form von Unzufriedenheit sich breitmachte, das Neue jedoch noch nicht sichtbar geworden war? Wer oder was hat Ihnen geholfen, solche Zeiten gut durchzustehen?

Bernie Glassman Roshi[15] hat in seiner Peacemaker-Bewegung, inspiriert von der Zen-Praxis, 3 Leitlinien formuliert, welche Emergenz in Gruppen und Ins-

---

15   Glassman, Bernie: *Zeugnis ablegen,* S. 220

titutionen in hohem Maße fördern: das tägliche Einüben des Anfängergeists und des Zeugenbewusstseins, auf deren Grundlage die heilende, liebende Tat natürlicherweise erfolgt. Zur Entwicklung des Zeugenbewusstseins dient folgende Übung:

Suchen Sie einen Ort auf, wo Sie ungestört verweilen können, und stellen Sie Ihr Handy auf Flugmodus. Lassen Sie sich Zeit, bis Sie innerlich etwas zur Ruhe gekommen sind. Wenn Sie so weit sind, erinnern Sie sich in einem ersten Schritt an eine Situation, ein Ereignis oder eine Beziehung, die in Ihnen heftige Gefühle ausgelöst hat, Sie immer wieder beschäftigt, oder Sie nehmen wahr, dass Sie sich in Ihren Selbstgesprächen im Kreis drehen. Erlauben Sie sich, sich die Person bzw. die Situation lebhaft vorzustellen. Lassen Sie die Erinnerung so weit lebendig werden, als wäre sie eben jetzt passiert. Nehmen Sie sich nun die Freiheit, in die Situation aus der Sicht des egozentrischen Ichs hineinzugehen. Wagen Sie, alle dazugehörenden negativen oder vielleicht beängstigenden Gefühle zuzulassen, auch Ihre eigene Sichtweise, Ihre Beurteilung und Bewertungen. Gehen Sie nun einen Schritt weiter und nehmen Sie alle Bewertungen als eine mögliche Interpretation der Situation an. Wenn sich diese Geisteshaltung stabilisiert hat, wenden Sie sich Ihren Gefühlen zu. Schneiden Sie diese nicht ab, aber verneinen Sie sie auch nicht, sondern sprechen Sie zu sich selbst: „Ich bin mehr als meine Gefühle." Warten Sie, bis Sie sich nicht mehr mit Ihren Gefühlen identifizieren und Sie ruhiger geworden sind. Nehmen Sie wahr, dass Sie tatsächlich mehr als Ihre Gefühle sind. Erlauben Sie sich, mit ihnen durch ein einfaches Gewahrsein in Berührung zu sein.

Betrachten Sie nun die auslösende Situation vom Standpunkt des Zeugen, der im Bewusstsein des einfachen Gewahrseins verankert ist. Sehen Sie, was sich abgespielt hat. Nehmen Sie die Ereignisse und Menschen wahr, auch sich selbst, ohne zu bewerten und ohne an einem Gedanken oder Gefühl anzuhaften. Schauen Sie in dieser inneren Freiheit auf die Menschen und das Ereignis, das den Gefühlssturm ausgelöst hat. Bleiben Sie im Zeugenbewusstsein, bis in Ihnen das Bedürfnis erwacht, sich mit dem Menschen, mit sich selbst und der Situation zu versöhnen.

Das Prinzip der Freiwilligkeit
Oder: Unterwegs ohne „Muss" und „Soll"

„Die Planetisation[16] der Menschheit ist unausweichlich. Sie
vollzieht sich unter planetarem Druck (Bevölkerungsexplosion,
Ausweitung des Aktionsradius› der Individuen, Verflechtung
auf wirtschaftlicher, kultureller und sozialer Ebene). So unaus-
weichlich die Planetisation der Menschheit ist, so sehr hängt sie
von unserer freiwilligen Bejahung ab."

Dieses Prinzip gilt nicht nur auf der globalen Ebene. Zwangsvereinigungen
halten auf die Dauer nicht, nicht im persönlichen Bereich, aber auch nicht auf
internationaler Ebene. Das hat der Zusammenbruch von Jugoslawien nur kurz
nach Titos Tod eindrücklich gezeigt, aber auch die wachsenden zentrifugalen
Kräfte in der Europäischen Union weisen auf den Mangel an Freiwilligkeit hin.
Die Menschen an der Basis, in verschiedenen Volksschichten und unterschiedlicher ethnischer Zugehörigkeit fühlen sich in politischen Entscheidungen nicht
genügend gesehen, miteinbezogen und in der Folge übergangen.

Können unsere „Vorfahren" im Stammbaum des Lebens uns Impulse geben für
das tiefere Verständnis dieses Prinzips? Im ersten Beispiel löste der tödliche
Hunger des Einzellers und im zweiten die Übersättigung der Raupe den evolutiven Sprung aus. Es gibt tatsächlich Zeichen, dass wir vor oder vielleicht mitten
in einer solchen kritischen Zeit leben. Der Klimawandel, die Verschmutzung
unserer Meere, die Vergiftung der Böden und die Ausbeutung der Regenwäl-
der bedrohen auf längere Sicht weltweit die ausreichende Produktion von Nah-
rungsmitteln. Hunger klopft insgeheim auch an die Türen in Industrienationen.
Das zeigen die wachsenden Zahlen von Menschen, die in West- und Mitteleu-
ropa unter dem Existenzminimum leben müssen.

Die technologischen Möglichkeiten der grenzüberschreitenden, globalen Vernetzung nutzen heute ganz selbstverständlich Milliarden von Menschen und

---

16   Begriff von Teilhard de Chardin für Globalisierung

jeden Tag kommen weitere Millionen dazu. Und mit jedem neuen Benutzer wächst die Menge an Information und damit auch die Komplexität. Immer mehr Menschen flüchten vor dieser Informationsflut, schirmen sich übersättigt ab und stellen Ihre Geräte aus.

In der Tierwelt vollzog sich die evolutive Weiterentwicklung noch automatisch. Auf der Ebene des Menschen bedarf die Reifung der Persönlichkeit und jede evolutive Weiterentwicklung der bewussten persönlichen Zustimmung.

Die zentrale Botschaft dieses Prinzips heißt:
Höre nie auf, an deiner Persönlichkeitsentwicklung zu arbeiten.
Du dienst damit der evolutiven Weiterentwicklung
der Menschheit.

Anregung zur persönlichen Reflektion und Übung

In der Zen-Literatur gibt es ein Koan, eine paradoxe Geschichte, die damit beginnt, dass ein Meister sich jeden Tag selbst „Meister" zuruft und sich dann auch gleich selbst antwortet mit: „Ja, ja". Dieses schlichte Wort ist das große Ja zum Leben, das täglich eingeübt werden will. Die Legende berichtet weiter, dass dieser große Meister mit Namen Zuigan tagtäglich und Jahr für Jahr ausnahmslos mit diesem einzigen Wort geübt hat. Es ist ihm dabei nie langweilig geworden.

Die Einladung geht in diesem Prinzip auch an Sie. Üben Sie regelmäßig dieses „Ja" zu allem, was ihnen begegnet, zum Schönen und Schwierigen. Sie werden mit der Zeit wahrnehmen, dass Ihr Leben in den großen Strom des Lebens eingebettet ist. Lernen wir ja zu sagen, zu uns, unserem Gewordensein, unserer Geschichte und zu jedem Tag, dann wächst uns eine Kraft zu, die auch heißen kann, einmal entschieden nein zu sagen, wenn dies der Dienst am Leben von uns fordert.[17]

---

17 Gamma, Anna: *Ruhig im Sturm,* S. 90ff

Das Prinzip der Synergie
Oder: Kokreation

*„Synergie ist das aus natürlichem Antrieb erfolgte Zusammen-
wirken des einzelnen Bestandteiles mit dem Ganzen. Dabei
verfolgt jedes individuelle Element eines Systems seine eigenen
Ziele. Diese Ziele sind aber so angelegt, dass sie Wachstum und
Gesundheit des Gesamtorganismus unterstützen. Auf allen
Stufen der Evolution müssen die Elemente eines Organismus
bei jeder höheren Synthese Synergie neu lernen.“*

Das Prinzip der Synergie setzt, umfassend verstanden, das Prinzip der Freiwilligkeit voraus. Erst dann kann Synergie zu einer evolutiven Weiterentwicklung
beitragen. In der Wirtschaft wird das Wort Synergie häufig verwendet, wenn
Firmen Fusionen planen, um dank Synergieeffekten Kosten einzusparen und
damit Wettbewerbsvorteile zu gewinnen. Es wird erwartet, dass der Zusam-
menschluss von Firmen mehr Gewinn einbringen wird als die Summe der Leis-
tungen einzelner Firmen.

Pia Gyger setzt tiefer an, greift zurück in die evolutive Zeitgeschichte: Auf der
Ebene der Materie und des Lebens von Pflanzen und Tieren auf unserem Planeten erfolgt die Entwicklung von immer komplexeren Systemen und Organismen aus einem natürlichen, automatischen Antrieb. Dieser Automatismus wird
auf der Ebene des Menschen abgelöst. Das synergetische Zusammenwirken ist
auf dieser Stufe abhängig von einer bewussten, freien Entscheidung aller Beteiligten. Ein wichtiger Faktor, der Synergie fördert und stärkt, ist Wertschätzung,
Wertschätzung der eigenen Person, anderer Menschen und der Institution, in
der wir tätig sind.

Am menschlichen Körper lässt sich Synergie sehr einfach aufzeigen, nämlich
im großartigen Zusammenwirken der Zellen in den einzelnen Organen und
der Organe im Körper insgesamt. Sinkt die Synergie im Körper, so werden
wir krank. Sind einzelne Zellen nicht mehr bereit, zusammen zu wirken, dann
entsteht Krebs. Dasselbe gilt für Organisationen und Unternehmen. Sie sind

dann erfolgreich, wenn die einzelnen Bereiche mit hoher Synergie zusammenwirken.

Das Prinzip der Synergie spricht nicht nur von einer sinnvollen Arbeitsteilung in Familie und Arbeitswelt, auf der Meso- oder Makroebene. Synergie lebt wesentlich von der Bereitschaft jedes Menschen, das größere Ganze zu sehen, sich mit seinen Begabungen und Kompetenzen in dieses Ganze einzubinden und je neue Vernetzungsmöglichkeiten wahrzunehmen und zu leben. Es geht darum, zu erkennen, wie der rote Faden, d.h. die Ziele des eigenen Lebens, mit dem roten Faden, d.h. den Zielen der größeren Organisation, in der wir leben und arbeiten, am besten zusammenwirken kann. Damit dies möglich wird, sind die selbstbewusste Wahrnehmung der persönlichen Ziele und das aufmerksame Gewahrsein der Ziele eines Organismus von entscheidender Bedeutung.

Auch wenn in den Wirtschaftsnachrichten immer wieder von Firmenfusionen zu hören ist, fällt deren Erfolg vielfach relativ bescheiden aus. Zu den wesentlichen Ursachen des Scheiterns gehören Konkurrenzkampf, schwelende Konflikte aufgrund unterschiedlicher Unternehmenskulturen. Nicht von ungefähr hat Pia Gyger auf der Grundlage der evolutiven Sicht ein Konfliktlösungsmodell erarbeitet, das mit dem Satz beginnt: „Ich bin eins mit dem Universum und mit jedem Menschen! Aus dieser Haltung heraus verbiete ich mir, jemals einen Menschen in der Tiefe meines Herzens zu verurteilen oder „abzuschneiden"."[18] Und sie fährt fort: „Das Zulassen von negativen Gedanken und Gefühlen ist notwendig, not-wendend jedoch der Wille, diese auf konstruktive Weise in die Beziehung einzubringen." Die Bereitschaft zu Versöhnung mit sich und dem Anderen ist wohl der wesentlichste Schritt zur konstruktiven Konfliktlösung.

Die zentrale Einladung dieses Prinzips lautet:
Sei bereit, die Ziele des größeren Ganzen wahrzunehmen
und mit deiner Kompetenz und Einzigartigkeit
diesen Zielen zu dienen.

---

18   Gyger, Pia: *Mensch verbinde Erde und Himmel*, S.94

Anregung zur persönlichen Reflektion und Übung

Um die Kraft und Logik dieses Prinzip zu verstehen, eignet sich ganz besonders eine Standortbestimmung an Ihrem Arbeitsplatz:

- Was ist das Ziel Ihrer Institution?

- Was ist Ihr persönliches Ziel, das Sie an Ihrem Arbeitsplatz verfolgen?

- Sind die Ziele der Institution und Ihre eigenen in hoher oder niedriger Übereinstimmung (Synergie)? Mit welchen Wirkungen auf Sie und die Institution?

- Worin liegen die einzigartigen Stärken Ihrer Mitarbeitenden? Sind sie im Einklang mit den Zielen des Unternehmens?

- Gibt es Arbeitsbereiche mit wenig Synergie? Und wie könnten diese gegebenenfalls gestärkt werden?

Das Prinzip der Synergie lebt wie das Prinzip der Pluralität von der Fähigkeit, Konflikte konstruktiv zu lösen. Folgende kurzen Anregungen unterstützen die Entfaltung des in allen Menschen ruhenden Potenzials:

Suchen und finden Sie Möglichkeiten, die Haltung der Verbundenheit mit anderen Menschen und anderen Wesen einzuüben. Werden Sie kreativ, es gibt unzählige Möglichkeiten. Eine sehr einfache Übung ist, danke zu sagen. Danken Sie allen Menschen, die Ihnen begegnen, allen Tieren, allen Bäumen, Blumen…

Lernen Sie alle negativen Gefühle und Gedanken zuzulassen. Nehmen Sie diese als einen Teil von Ihnen an und finden Sie in jedem den guten Kern.

Suchen Sie die Bedürfnisse, die „hinter" den negativen Gefühlen, wie Ärger, stehen. Nehmen Sie diese Bedürfnisse erst selbst an und bringen Sie diese dann in die Beziehung ein, ohne gleichzeitig eine Forderung zu stellen.

So wie das Äußern von Dank eine Atmosphäre augenblicklich verändern kann, so tut dies auch das Aussprechen von Wertschätzung. Sie werden sehen, ein lächelndes Gesicht wird Ihnen antworten.

Und nicht zuletzt, lernen Sie, um Verzeihung zu bitten, wenn Sie verletzt haben, unfreundlich oder lieblos waren. Sie fangen damit am besten bei sich selbst an.

Das Prinzip der Zentrogenese[19]
Oder: Menschen werden zur Menschheit

„Mit dem Auftauchen des selbstreflektierenden Denkens ist Synergie nicht mehr instinktiv-unbewusst möglich. Bezogen auf die Menschheit bedeutet dies: Synergie wächst in dem Maße, als diese ein Zentrum besitzt, welches fähig ist, die Gesamtziele des Organismus Menschheit von Entwicklungsstufe zu Entwicklungsstufe je neu herauszuarbeiten, und das die Macht hat, für deren Verwirklichung zu sorgen."

In diesem Prinzip geht es um die Frage, wie wir uns als Menschheit als Ganzheit in der Weise strukturieren und organisieren, dass Armut und Ungerechtigkeit abnehmen und nicht weiter zunehmen, dass das globale Wettrüsten und Kriege als Konfliktlösungsstrategie überwunden werden und der gemeinsamen Sorge um die bedrohte Schöpfung endlich konkrete Taten folgen. Pia Gygers Vorschlag zur Bewältigung dieser Probleme, ein globales Zentrum zu schaffen, hat in meiner über 20-jährigen Beschäftigung mit den evolutiven Prinzipien am meisten Widerstand und Widerspruch ausgelöst. Zu sehr sind wir noch erschüttert von den gewaltsamen Versuchen im letzten Jahrhundert, eine globale Weltgemeinschaft aufzubauen. Nationalsozialismus, Faschismus, Kommunismus,

---

19 Begriff von Teilhard de Chardin: Die Evolution ist auf Einigung und Verinnerlichung hin angelegt. Auf der Ebene des Menschen gewinnt der Einigungsprozess von verschiedensten, komplexen Zentren (Menschen, Institutionen und Nationen) an neuer Tiefe. Zentrogenese ist die frei gewählte gegenseitige Verbindung von Zentrum zu Zentrum. Siehe auch: Haas, Adolf: *Teilhard de Chardin Lexikon*, Bd. ll, S. 385

Kapitalismus westlicher und östlicher Prägung sind und waren Ideologien. Sie haben die politische Dynamik von Nationen und Völkergemeinschaften geprägt mit dem Ziel, die Menschheit unter dem Diktat einer mehr oder weniger totalitären Weltanschauung in einer Weltgemeinschaft zusammenzuführen. Nicht nur sind alle gescheitert, sie haben Kriege ausgelöst und großes Leiden verursacht. Die einen „Ismen" setzten zu sehr das Kollektiv, die anderen das einzelne Individuum in den Mittelpunkt und wieder andere lebten von Ausgrenzung und Feindbildern. Im Blick auf diese erschreckenden Entwicklungen ist die Frage berechtigt, für viele mag sie sogar mehr eine Feststellung als eine Frage sein: Wie sollte je ein gerechter, friedvoller Organismus Menschheit gelingen? Im Vertrauen darauf, dass die Grundtrift der Evolution der wechselseitigen Verbundenheit, die zu immer komplexeren Strukturen im Universum geführt hat, im Menschen nicht abbricht, bin ich der Überzeugung, daß uns dieses Experiment einmal gelingen wird.

Ein Blick in die jüngste Geschichte unterstützt diese These: Die beiden Weltkriege waren nicht nur schreckliche Ereignisse in der Geschichte der Menschheit. Sie lösten Initiativen aus, die zur Schaffung von transnationalen Plattformen führten. Nach dem ersten Weltkrieg wurde der Völkerbund gegründet, der zwar, wie die Geschichte zeigt, gründlich scheiterte. Nach dem zweiten Weltkrieg schlossen sich verschiedene Nationen zusammen und gründeten die Vereinten Nationen mit dem Ziel, die Menschheit von den Fesseln des Krieges zu befreien[20]. Man mag noch so kritisch gegenüber dieser Organisation sein. Würde sie nicht bestehen, so müsste sie morgen ins Leben gerufen werden. Diese Aussage habe ich nicht selten von Diplomaten und Beamten gehört, die am Hauptsitz der Vereinten Nationen in New York arbeiten.

Wollen wir die Entwicklung der Menschheit zu einem gesunden, gerechten und friedvollen Organismus nicht allein den globalen Playern wie multinationalen Konzernen, Großmächten und anonymen Mächten, die durch moderne Technologien möglich geworden sind, überlassen, dann sind wir alle gefragt. Ich lasse mich dabei gerne von diesem afrikanischen Sprichwort leiten: *„Wenn viele kleine Leute an vielen kleinen Orten viele kleine Schritte tun, dann werden sie*

---

20   Charta der Vereinten Nationen

das Gesicht der Welt verändern." In der Frage nach den kleinen Schritten, die wir tun können, bin ich inspiriert von Forschungsergebnissen der Naturwissenschaft. Insbesondere in der Physik sind im letzten Jahrhundert Erkenntnisse über die Entstehung der Ordnung im Kosmos und in der Biosphäre gewonnen worden, die wegweisend für die Entwicklung von Strukturen in Organisationen und Institutionen sein können.

Leserinnen und Leser, die weniger an strukturellen Fragen in Unternehmen und Organisationen interessiert sind, schlage ich vor, die nächsten Abschnitte zu überspringen und bei „Anregungen zur persönlichen Reflexion" weiter zu lesen.

In der modernen Managementlehre werden zwei Strukturprinzipien beschrieben, die auf diese naturwissenschaftlichen Arbeiten zurückgehen: die Holarchie und die Heterarchie. Beiden liegt ein Weltbild zugrunde, das die Wirklichkeit als interagierende Felder beschreibt.

In der Holarchie besteht die Ordnung darin, dass die einzelnen Teile (Holon) in sich ein Ganzes bilden und gleichzeitig als Teil in einem größeren Ganzen aufgehoben sind. Die dynamische Rückkoppelung zwischen Teil und Ganzem beschleunigt den evolutiven Prozess. Die Teile entwickeln sich in Übereinstimmung mit der größeren Ganzheit und die Ganzheit übereinstimmend mit ihren Teilen.[21] Ein einfaches Beispiel dazu sind Zellen in unserem Körper, die für sich eine Ganzheit und gleichzeitig Teil eines Organs sind. Übertragen auf Unternehmen und Organisationen bedeutet dies: Entsprechend den Aufgaben und Herausforderungen baut die Organisationstruktur flexibel auf hierarchische wie selbstorganisierende Entscheidungsfindungsprozesse und Koordinationsmechanismen auf.

Heterarchische Unternehmensmodelle gehen noch einen Schritt weiter. Sie wurden als Reaktion auf die immer komplexer werdende Steuerung von international tätigen Unternehmen und Unternehmensgruppen entwickelt, die, um erfolgreich zu bleiben, ein hohes Maß an Anpassungsfähigkeit aufweisen müs-

---

21 Vgl. dazu Laszlo, Ervin: *Kosmische Kreativität,* S. 164

sen. Dies kann wiederum nur durch ein hohes Maß an Kreativität, Flexibilität und Eigeninitiative der Mitarbeitenden erreicht werden. Die Lösung heißt: polyzentrische Netzwerkorganisation. In diesen Organisationen gibt es mehrere Entscheidungszentren, die autonom und gleichzeitig im Kooperationsmodus interagieren. Merkmale heterarchischer Organisationen werden wir folgt beschrieben:

1. Die Wahrnehmung der Organisation als ein Ganzes ist Grundlage der Selbstorganisation. Alle Mitarbeitenden haben eine Stimme, die gehört wird.

2. Die Koordination wird von gleichberechtigten, voneinander unabhängigen Entscheidungsträgern hergestellt, und Entscheidungen werden auf der Basis von Verhandlungen in gegenseitiger Übereinkunft gefällt.

3. Die Entscheidungsfindung beruht auf der Basis von Transparenz und Zugänglichkeit zu allen wesentlichen Informationen.

4. Konflikte werden mit fairen Konfliktregelungsmechanismen gelöst.[22]

Als ich diese Aufzählung der Merkmale heterarchischer Organisationen zum ersten Mal las, war ich bass erstaunt. Sie erinnerten mich in den wesentlichen Punkten an die Leitungsprinzipien, die Pia Gyger 1976 für die neu zu gründende Therapiestation „Sonnenblick" in Kastanienbaum[23] formulierte. Sie war damals geleitet von der Frage, wie Organisationsstrukturen größere psychische Nähe begünstigen und damit die integrierende Vereinigung fördern, die der Evolution als elementarer Triebkraft zugrunde liegt.

In der Mitte der siebziger Jahre war die revolutionäre Studentenbewegung am Abklingen. Doch in vielen, vor allem pädagogisch ausgerichteten Institutionen wollte die Ruhe noch nicht wieder einkehren. In der stationären Betreuung von weiblichen Jugendlichen zeichnete sich in der Schweiz immer mehr eine große Krise ab, da sich die Zustandsbilder der Jugendlichen massiv verändert hat-

---

22 Siehe Reihlen, Markus: *Organisation und Postmoderne*, S. 16
23 Ein Dorf in der Nähe von Luzern

ten und die bis dahin bewährten pädagogischen und therapeutischen Konzepte nicht mehr ausreichten. Institutionen und Mitarbeitende waren massiv überfordert. In dieser Situation wurde Pia Gyger von der Leitung ihrer Gemeinschaft, dem St.-Katharina-Werk, beauftragt, eine Institution für weibliche Jugendliche nach den Vorschriften des Schweizerischen Strafgesetzbuches (Art. 93 StGB) aufzubauen. Zu dieser Zeit lernte ich sie kennen. In vielen Begegnungen sprach sie von einem Glücksfall. Da niemand so recht wusste, welche therapeutischen Konzepte aus der kritischen Phase von Selbstgefährdung und Delinquenz herausführen, wollte sie einen ganz neuen Versuch wagen. Sie begann damit, die hierarchische Leitungsstruktur zugunsten einer kollegialen Leitung abzulösen. Dies war nicht nur ein Novum für das St.-Katharina-Werk. In der Fachwelt wurde der „Sonnenblick" über viele Jahre als Paradiesvogel beschrieben, der im nördlichen Klima nicht überleben würde. Sie haben sich getäuscht. Im Sommer 2016 feierte die Institution das 40-jährige Bestehen.

Pia Gyger sprach nicht von Merkmalen der kollegialen Leitung. Die Mitarbeitenden sollten sich vielmehr auf folgende Lernschritte verpflichten:

1. Erlernen von Transparenz, d.h. Erlernen eines Kommunikationsstiles, in dem die persönlichen Einstellungen zu Werten und Normen (Menschenbild, Weltanschauung usw.) transparent werden.

2. Erlernen von Toleranz, d.h. Erlernen der Zusammenarbeit im pluralistischen Arbeitsteam mit der dazu erforderlichen Bereitschaft, trotz Verschiedenheit um eines gemeinsamen Zieles willen echte Kompromisse zu schließen.

3. Erlernen von konstruktiver Konfliktlösung, d.h. Erlernen der Fähigkeit, Spannungen und Konflikte auf konstruktive Weise auszutragen.

4. Erlernen von gemeinsam geteilter Verantwortung, d.h. Erlernen jener vertieften Weise von Engagiertsein, welche die Rechte und Pflichten einer Leitung ausmachen."[24]

---

24 Gyger, Pia: *Mensch verbinde Erde und Himmel*, S. 136

Ich habe selbst 7 Jahre im Sonnenblick mitgearbeitet. Ich war angezogen und begeistert wie viele andere Mitarbeitende vom visionären, pionierhaften Ansatz. Die konkrete Zusammenarbeit im pluralistischen Team, in Entscheidungsprozessen als promovierte Psychologin gleichberechtigt mit Mitarbeitenden aus Haushalt und Sekretariat beteiligt zu sein, war meine erste große Herausforderung. Nach und nach löste das Einüben von größerer Nähe bei allen Mitarbeitenden psychische Umstrukturierungen aus, nicht selten begleitet von Ängsten, psychischen Gleichgewichtstörungen, Spannungen und massiven Konflikten. Deshalb war die Verpflichtung, Konflikte konstruktiv und fair zu lösen, eine große Hilfe, reichte jedoch in kritischen Zeiten nicht aus. Ohne die gemeinsame Ausrichtung auf eine inter-spirituelle Mitte, die letzte Verbundenheit im All-Einen, hätten wir damals wohl einige Klippen nicht überwinden können. Gelegentlich praktizierten wir gemeinsam Zazen, eine undogmatische Meditationsform, die auch Atheisten möglich war.

Das Prinzip der Zentrogenese ist auf die Dauer nur dann dem Leben dienend, wenn wir lernen, Führung nach heterarchischen Prinzipien zu leben. Hierarchien werden immer wieder neu gebildet, entsprechend den anstehenden Aufgaben und Fähigkeiten der Personen, die bei der Lösung der Aufgabe mitwirken. Damit werden die patriarchalen, starren Strukturen aufgebrochen. Hierarchien bleiben, werden jedoch je neu gebildet. Zeit und Ressourcen raubende Machtkämpfe können damit vermieden werden. Damit Zentrogenese auf allen Ebenen gelingen kann, sind Menschen gefragt, die in sich selbst Zugang haben zu einem weiten Geist und einem großen Herzen.

Die zentrale Botschaft dieses Prinzips finden wir in allen mystischen Traditionen und lautet auf den Punkt gebracht:
Verstehe, dass die Menschheit und mit ihr das ganze Universum
ein einziger Organismus ist. Wage deshalb neue Formen
der Kooperation und Kokreation.

Anregung zur persönlichen Reflektion und Übung

Bei diesem Prinzip sind Sie noch einmal persönlich gefragt. Zentrogenese kann auf globaler Ebene nur gelingen, wenn immer mehr Menschen auf der persönlichen Ebene das Universum, die Erde und die Menschheit als lebendigen Organismus wahrnehmen können und sich darin als einzigartige Zellen verstehen, vereint und verbunden mit anderen einzigartigen Zellen. Deshalb lade ich Sie ein, einen Moment beim Lesen innezuhalten und sich zu vergegenwärtigen, dass Sie einzigartig und wichtig im großen Zellverband der Menschheit...im Organismus Erde...im Makanthropus Universum sind. Sie bilden eine Ganzheit von Körper, Seele und Geist und gleichzeitig sind Sie Teil einer anderen, größeren Ganzheit.

Folgende Fragen können der persönlichen Standortbestimmung dienen:

- Sind Sie bereit und fähig, in einer Gruppe in der Familie, unter Freunden oder am Arbeitsplatz Mittelpunkt zu sein, in dem Sie die einzelnen im Blick haben und das gemeinsame Ziel nicht aus den Augen verlieren? Welche Erfahrungen machen Sie damit? Tauchen Widerstände auf? Stoßen Sie an Grenzen? Was macht Freude?

- Sind Sie bereit, andere als Mittelpunkt anzuerkennen und in Krisenzeiten – nicht kritiklos – auch zu stützen?

Was hat ein Slum mit der heiligen Stadt zu tun?

Von Maria-Christina Eggers

„Auf-gerichtete Antenne zum Kosmos, durchdrungen von
spielerischer Schöpferkraft, wird sein der Makanthropos,
die von der Verwirrung des Krieges befreite Menschheit."[25]

„Was hat ein Slum in Metro Manila mit Jerusalem zu tun?" Es kommt auf den Blickpunkt an. Man könnte sagen: nichts. Man könnte auch sagen: Beide Orte sind Brennpunkte drängender, ungelöster Menschheitskonflikte auf unserem Planeten: strukturell bedingte Armut, Elend, Drogen, Hunger im Slum. In Jerusalem der scheinbar unlösbare Konflikt um das Land. Hier wie dort Angst und Gewalt. Aber auch: Lebenskünstler und -künstlerinnen, hier wie dort.

Und wenn ich den Blick nach innen wende? Wo finde ich den Slum in mir? Jerusalem in mir? Und wenn sich beides in mir vereinigt, hat diese innere Verbindung eine Ausstrahlung in die reale Welt?

Ich war dabei, als Pia Gyger zu Beginn der 90er Jahre ihrer Leitungsgruppe im Katharina-Werk die 10 Evolutiven Prinzipien vorstellte, die sie während des Golfkrieges formuliert hatte. Im Zuhören erahnte ich darin staunend eine kosmische Ordnung, sachlich und auf zehn Punkte konzentriert, mit konkreten Schritten, wie diese Ordnung durch politisches Handeln und die Gestaltung des persönlichen Lebensweges auf die Erde geholt werden kann. Das grundlegende Prinzip dabei ist das „Prinzip der integrierenden Vereinigung":

---

25 Eggers, Maria-Christina. Gyger, Pia: *Aufstieg ins Licht,* S. 51

„In allen Phasen der Evolution ist das gleiche Gesetz wirksam: durch Vereinigung Teil eines größeren Ganzen zu werden. Jede Vereinigung bedeutet eine komplexere Anordnung der Materie, eine neue Gestalt und ein Mehr an Bewusstsein."

Wenn sich der evolutive Prozess in diesem Sinn entwickelt, muss auch das große Ziel erreichbar sein: die geeinte, „von der Verwirrung des Krieges befreite Menschheit". Nur, was hat das mit mir zu tun? Ist es nicht viel zu groß? Gerade da erlebe ich die Herausforderung durch die 10 Evolutiven Prinzipien, aber auch die Hoffnung. Denn jeder kleine und größere Schritt in diese Richtung, meine Hingabe, kann zu dem globalen Bewusstseinswandel beitragen.

Das zweite Prinzip – das Prinzip der wachsenden Personalisation und Sozialisation – verdeutlicht das kleine, aber wichtige Wort „integrierend", das vor „Vereinigung" steht. In der Begegnung mit anderen, mit dem Fremden, verändere ich mich. Im Spiegel der anderen finde ich zu meiner Einzigartigkeit. Diese hat nicht nur Platz, sondern sie wird gebraucht, als einmaliger Teil des Ganzen. Die geeinte Menschheit, „aufgerichtete" Antenne zum Kosmos, die durchdrungen ist von spielerischer Schöpferkraft, entwickelt sich nicht über Auflösung der Persönlichkeit (das 3. Prinzip ist das Prinzip der Nicht-Verschmelzung) und nicht über die Ausgrenzung des Andersartigen (das 4. Prinzip ist das Prinzip der Pluralität). Ganz im Gegenteil.

Was also hat ein Slum in Metro Manila mit Jerusalem zu tun? Meine persönliche, „innere" Antwort ist die, dass beide zu einem Teil meiner Lebensgeschichte, meines Denkens und Fühlens geworden sind und sich so in mir verbunden haben. Die Begegnungen haben meine Weltsicht und mein Herz geweitet und Spuren hinterlassen, in mir und in anderen. Beide waren Lehr- und Lernorte im Umsetzen der Evolutiven Prinzipien.

Während knapp zehn Jahren führte ich das Katharina-Werk „Sister Pia's Greenhouse School". Es war eine Hütte in einem Slum am Stadtrand von Manila. Jedes Jahr um die Weihnachtszeit lebte dort für mehrere Wochen eine stets wechselnde Gruppe aus der Schweiz und Deutschland. Ich hatte die Möglichkeit, als Teammitglied regelmäßig dabei zu sein. Zum Tagesprogramm gehörte neben Meditation, Hausputz und persönlicher Austauschrunde die tägliche Schulung über die 10 Prinzipien an diesem besonderen Ort. Es ging darum, mit dem Elend, der strukturellen Ungerechtigkeit in nahe Berührung zu gehen, sich betreffen zu lassen und daraus gemeinsam nach Wegen zu suchen: Was haben wir aus dem reichen Europa hier zu lernen? Was tragen wir und unsere Heimatländer zu der Ungerechtigkeit bei? Wie müssen wir uns ändern? Pia Gyger begann diese Kurse u.a. mit europäischen Managern. Anna Gamma lud später auch Menschen aus dem Slum zu den Schulungen ein. Es entwickelte sich ein reges, gemeinsames Lernen, miteinander und voneinander. Das Prinzip der wachsenden Personalisation und Sozialisation zeigte sich auf beiden Seiten. Selbstachtung und gesunder Stolz wuchsen bei den Menschen aus dem Slum. Sie entwickelten ein neues Gespür für die eigene Würde. Umgekehrt löste die Begegnung in uns, die wir aus Europa kamen, Erschütterung aus, auch Beschämung angesichts der Freigiebigkeit der Armen und Bewunderung für ihre kreative Fähigkeit, aus dem Nichts ein Fest zu gestalten.

Das fünfte Prinzip ist das Prinzip der Vereinigung durch Anstrengung und Mühe. Wohl nicht zufällig hat es seinen Platz in der Mitte. Je öfter und länger wir in Ibayo waren, je mehr Nähe und Vertrautheit – Basis der Vereinigung – wuchsen, desto mehr wuchsen auch die Konflikte. Die psychische Nähe, die zur Vereinigung führt, rief auch die Schatten hervor. Auf philippinischer Seite zeigte sich eine uralte und doch kaum vernarbte Wunde: die Kolonialisierung. Plötzlich war das Misstrauen da, konnte sich koloniales Verhalten zeigen im Schmeicheln einerseits, im Hass auf „die Weißen" andererseits. Wir hatten zu lernen, diese kollektive Wunde zu sehen und als weiße Europäer Verantwortung für unsere Geschichte zu übernehmen. Sie ihrerseits mussten lernen, dass wir zwar diesem Kollektiv angehören, aber als Individuen keine persönliche Schuld tragen.

„Manila in mir" – meine Familiengeschichte, die holländischen Ahnen in den damaligen Kolonien, auch sie wurde für mich lebendig und wollten integriert werden. Die tiefen Begegnungen, durch Konflikte und Schritte der Versöhnung hindurch, führten bei allen Beteiligten zu einem klareren Wissen um die persönliche und die nationale Identität. Verwurzelung, Erdung gingen damit einher. Dies wiederum war der gute Nährboden dafür, weitere Schritte aufeinander zuzutun, ohne dabei aufzugeben was mich, meine Geschichte, mein Volk ausmacht.

Ist das erste Prinzip der integrierenden Vereinigung das Fundament, so zeigen die vier, die darauf folgen, was im Lebensvollzug praktisch dazugehört. Diese Vereinigung geschieht über wachsende Personalisation und Sozialisation (2), ohne Selbstaufgabe (3), in Anerkennung der Verschiedenheit (4) und mit der Bereitschaft, den Preis in Kauf zu nehmen, nämlich den Weg zu gehen durch Anstrengung und Mühe (5), man könnte auch sagen: mit Hingabe.

Die weiteren fünf Prinzipien haben einen stärker utopischen Charakter. Sie zeigen Ziele auf, die wir anstreben, vorbereiten, aber nicht willentlich erlangen können. Die Metamorphose (6) besagt:

> *„Von einem bestimmten kritischen Punkt an kann ein Organismus nicht mehr wachsen, ohne sich zu wandeln. Dieses evolutive Gesetz gilt auch für die Menschheit."*

Dieses evolutive Prinzip hilft mir zu deuten, Hoffnung und Sinn zu finden, wenn um mich herum die vertrauten Formen und Strukturen nicht mehr tragfähig, neue aber noch nicht im Blick sind. Vertrauen in den evolutiven Prozess vermittelt das Prinzip der Emergenz (7). Durch integrierende Vereinigung taucht Neues auf. Dieses Neue entzieht sich jedoch unserem Zugriff:

> *„Das Neue, das emergiert, ist aus den früheren Gestalten und Zuständen nicht ableitbar, nicht voraussehbar und nicht manipulierbar."*

Das paradoxe Prinzip der Freiwilligkeit (8) und das Prinzip der Synergie (9) setzen eine neue Bewusstseinsebene voraus, die zum großen Teil die Angst überwunden hat:

> *„So unausweichlich die Planetisation der Menschheit ist, so sehr hängt sie von unserer freiwilligen Bejahung ab."* Und *„Synergie ist das aus natürlichem Antrieb erfolgte Zusam-*

menwirken des einzelnen Bestandteils mit dem Ganzen. Dabei verfolgt jedes individuelle Element eines Systems seine eigenen Ziele. Diese Ziele sind aber so angelegt, dass sie Wachstum und Gesundheit des Gesamtorganismus unterstützen."

Die Zentrogenese schließlich (10) weist auf neue, noch unerforschte Strukturen in Leitungs- und Führungsformen, in der Selbstorganisation von Gruppen, Nationen und der Menschheit hin.

Diese Prinzipien sind es, aus denen ich Hoffnung schöpfe in der scheinbaren Hoffnungslosigkeit im Nahost-Konflikt. Von 2006 bis 2009 hatte ich die einmalige Gelegenheit, spirituell und finanziell vom Katharina-Werk unterstützt, in Jerusalem ein Begegnungszentrum aufzubauen, „Beit Catarina". Wie ein Himmelsgeschenk fand ich oder fand mich der perfekte Ort dafür: ein altes arabisches Haus, unmittelbar auf der Grenze zwischen israelischem und palästinensischem Wohngebiet. Diese Lage machte es möglich, dass sowohl Israelis als auch PalästinerserInnen angstfrei kommen konnten. Es gab Begegnungen zwischen diesen beiden Bevölkerungsgruppen; zwischen Juden, Moslems und Christen; zwischen Jüdinnen und Deutschen. Hier ebenso wie in Ibayo spielte das Thema Identität eine große Rolle. In einer Folge von Gruppentreffen kamen wir zusammen als Deutsche und Jüdinnen, Juden. Die Frucht dieser Begegnungen floss in eine gemeinsam gestaltete deutsch-jüdische Gedenkfeier zum Holocaust-Gedenktag ein. Eindrücklich in Erinnerung ist mir die Not einer Frau, die nach mehreren Abenden im Gruppenaustausch unter Tränen mitteilte, dass sie nicht mehr kommen werde. Opfer des Holocaust zu sein habe das Leben in ihrer Familie so stark geprägt, dass es zu einem Teil ihrer eigenen Identität geworden sei. Ihre bange, aber auch mutige Frage lautete: „Wer bin ich, wenn ich mich in dem verändere?" Sie verließ die Gruppe, weil sie ihr auf dieser Ebene zu bedrohlich wurde. Und doch blieb ein Kontakt, die Spur von etwas Neuem. In anderer Form zeigte sich die Frage nach der Identität bei der Arbeit mit einer Jugendgruppe in einem palästinensischen Flüchtlingslager am Stadtrand von Jerusalem. „Wer bin ich, abgeschnitten von meinen Wurzeln, abgeschnitten von meinem Land, in einem Leben unter Besatzung – Besatzung auch im Kopf?"

Besagt das 8. Prinzip, dass die unausweichliche Planetisation der Menschheit von unserem freiwilligen Ja dazu abhängt, so habe ich in jenen Jahren in Jerusalem als größtes Hindernis die allgegenwärtige Angst wahrgenommen. Angst schränkt die Freiheit der Wahl ein. Für Jerusalem gibt es bei den Propheten Jeremia und Micha starke Bilder, die das Ende von Gewalt und Angst ankündigen:

„Dann schmieden sie Pflugscharen aus ihren Schwertern und Winzermesser aus ihren Lanzen. Man zieht nicht mehr das Schwert, Volk gegen Volk, und übt nicht mehr für den Krieg. Jeder sitzt unter seinem Weinstock und unter seinem Feigenbaum, und niemand schreckt ihn auf."

Dennoch sind es gerade Gewaltbereitschaft und allgegenwärtige Angst, die wie eine dunkle Last auf dieser Stadt und ihrer Umgebung liegen. Angst, den morgigen Tag nicht zu erleben. Angst, die tief in den Knochen sitzt und die ein Motor ist, nicht zum Leben, sondern zum Überleben. Ich denke zum Beispiel an Adnan, der einen kleinen Andenkenladen in Bethlehem führt. Er erzählt: „Als ich sechzehn war, war ich fünf Monate in einem israelischen Gefängnis, weil ich während einer Ausgangssperre auf der Straße war. Um meine Kinder habe ich ständig Angst. Jeden Tag bin ich erleichtert, wenn sie heil aus der Schule zurück sind. Sie sollen lernen, damit sie später ins Ausland können. Hier haben sie keine Zukunft."

Eine andere Erfahrung betrifft die jüdische Seite. In einer Tagebuchnotiz habe ich sie formuliert: „Unter meinen jüdischen Freunden gibt es keine, die, im Bild gesprochen, ,unter ihrem Weinstock, unter ihrem Feigenbaum sitzen'. Das Leben in Jerusalem ist anstrengend und hektisch. Oft habe ich das Gefühl, die Menschen hier jagen und hetzen durch ihren Alltag, durch ihr Leben. Was schreckt sie so auf? Eine tiefsitzende Angst scheint sie nicht loszulassen. Es gibt vieles, woran die Angst sich heute festmachen kann, aber in der Tiefe ist es immer dieselbe: ausgelöscht zu werden. Eine jahrtausendalte Geschichte der Verfolgung hat im Holocaust gegipfelt, im vernichtenden „Du-sollst-nicht-sein". Das Trauma sitzt tief in der kollektiven Erinnerung, ist in den Körperzellen selbst nachfolgender Generationen verankert. Stimmen von arabischen Nachbarn (Iran, Hamas), die dasselbe sagen, treffen damit auf eine tiefste Wunde, einen inneren Ort der Panik. Wie sehr wünsche ich meinen jüdischen Freundinnen und Freunden, sie dürften unter ihrem Weinstock, unter ihrem Feigenbaum sitzen. Einfach so, genießen, sein. Und niemand schreckt sie auf. Mit Beit Catarina möchte ich versuchen, für Momente ein solcher Weinstock, ein solcher Feigenbaum zu sein. Zeit haben. Einen Ort zum Durchatmen schaffen. Hoffen für alle, die die Hoffnung verloren haben. Offen sein, und beide Völker im Herzen tragen. Es ist leicht, zu leicht, sich auf eine Seite zu schlagen. Es ist verführerisch, nur das Leiden der Palästinenser zu sehen und alle Schuld am Konflikt, alles Negative auf israelischer Seite zu suchen. Und es ist, zumal in Jerusalem, eine ständige Versuchung, das palästinensische Leiden auszublenden und nur den scheinbar normalen israelischen Alltag zu sehen."

Manila, Jerusalem – es hat an beiden Orten tiefe Begegnungen gegeben, solche, die Leben berührt und verändert haben. Es gab das Leiden und die Freude an der Verschiedenheit. Und doch, hat sich grundsätzlich etwas verändert? Allem Anschein nach nicht. Aber die Antwort entzieht sich meiner Kontrolle. Wenn die evolutiven Prinzipien eine kosmische Ordnung spiegeln, sind sie nicht an Zeit und Raum gebunden und lassen sich schon gar nicht auf eine Lebensspanne beschränken. Meine Hoffnung ist, mit meinem Leben zu dem Wachstum in diese Richtung eine Spur beigetragen zu haben.

Das Prinzip der Synergie lässt bei mir Bilder für Jerusalem entstehen, in einer Zukunft, in der der Konflikt gelöst ist. Das „aus natürlichem Antrieb erfolgte Zusammenwirken des einzelnen Bestandteiles mit dem Ganzen" könnte so aussehen: Alle Bevölkerungsgruppen und alle Religionen haben ihre je eigenen und gemeinsamen Wurzeln wieder entdeckt. In der nahen und authentischen Begegnung und durch kraftvolle Rituale, in integrierender Vereinigung, konnten die alten Wunden heilen. Die Einzigartigkeit der beiden Völker darf sich in ihrer Verschiedenheit voll entfalten und vereint zum Strahlen kommen. Neue Generationen haben das eigene Potential und das Potential der anderen Seite erkannt und nutzen es miteinander in spielerischer Schöpferkraft, die auf den Erdball ausstrahlt und sich mit anderen strahlenden Zentren verbindet. Eine Menschheit, die sich nicht mehr in struktureller Gewalt und Kriegen aufreibt, wird mit ihrem blauen Planeten zu einem Zentrum im kosmischen Raum, zu einer „aufgerichteten Antenne": aus- und zurückströmende Kommunikation.

Das ist eine Utopie. Nach dem Gesetz der integrierenden Vereinigung kann sie zur Realität werden. Nach den Prinzipien der Metamorphose und Emergenz so oder ganz anders.

Sretan put, ein glücklicher Weg

Von Helen Jäggi Kosic

W o sind Sie gerade? Womit sind Ihre Tage gefüllt, erfüllt? Sind Sie zufrieden, in Frieden mit sich und der Welt? Was waren die wichtigsten Entscheidungen Ihres Lebens? Warum haben Sie so entschieden? Wo zieht es Sie hin?

Ich sitze an meinem Schreibtisch auf unserem Hof in Bosnien und Herzegowina. Meine Tage sind erfüllt von unzähligen Erlebnissen mit meinem Mann und meinem Sohn, mit Bauern und Bauen, mit Planen und Meditieren. Ich bin zufrieden. Dem Frieden mit mir und der Welt bin ich auf der Spur. Die wichtigsten Entscheidungen in meinem Leben waren: einen Mann zu heiraten, den ich liebte, aber nicht kannte. Ein Kind aufzuziehen, das ich nicht geboren habe. In Bosnien einen Bauernhof zu kaufen. Zen-Schülerin zu werden. Dem Frieden zu dienen. Dass ich so entschieden habe, hat mit Anna Gammas und Pia Gygers Berufung und Dienst zu tun.

Vor 20 Jahren habe ich an einer Ausbildung zur spirituell-politischen Bewusstseinsentwicklung des Katharina-Werks für junge Erwachsene teilgenommen. Pia Gyger hatte die Idee dazu, das Konzept zusammen mit Anna Gamma entwickelt, die dann auch den Lehrgang geleitet hat. Konkret erinnere ich mich eigentlich nur noch an das Wochenende zum Thema Astrophysik und an das Gruppenfeedback zum Schluss. Und doch sind mein Denken und Handeln tief von diesem Lehrgang geprägt. Ich gehe den Weg nach innen und den Weg nach außen. Ich verstehe das Leben als Prozess, nehme Phasen der Stagnation hin und an, suche und entdecke neue Möglichkeiten. Ich erforsche meine Geschichte, meine Prägung, ändere Denkmuster und Verhaltensweisen, damit sie lebensfreundlicher werden. Ich lasse mich auf andere Menschen ein, achte ihre Fremdheit, höre zu, nehme wahr, was sie in mir anstoßen, wecken, irritieren. Konkret ist mein Leben von diesem Lehrgang geprägt, weil ich meinen Mann in einem Peacecamp des Katharina-Werks kennengelernt habe. Und was uns zusammenhält und trägt, ist die Spiritualität der Versöhnung, die wir und in Anna und in der Arbeit mit ihrem Team kennengelernt haben.

Geboren wurde ich in einer durchschnittlichen Familie des Schweizer Mittelstands. Papa war Wissenschaftler und ging arbeiten. Mama war Hausfrau und Mutter. Sie hatten zwei Kinder, einen Sohn und eine Tochter. Beide wurden im besten Wissen und Gewissen dazu erzogen, ehrenwerte Mitglieder der Gesellschaft zu werden. Was wirklich geschah, war der ganz normale Wahnsinn. Unter der glänzenden Oberfläche brodelten Unzufriedenheit und Enttäuschung. Wenn wir nicht gerade unsere Rollen spielten, wurde sichtbar: Jeder von uns war allein, verloren, verlassen, verletzt, nicht erkannt, nicht genährt, gefangen in Rollen, die uns die anderen zugedacht hatten. Der Anfang meines Lebens stand unter dem Motto „Überleben". Dass ich mehr als überlebt habe, hat wiederum mit Anna zu tun. Sie hat im LaboRio21 den Prozess begleitet, in dem ich meine Panzer ablegte. Und als ich zu den offenen Wunden kam, war sie es, die mir Hilfe vermittelt hat.

Gestern Abend sang ich meinem Sohn ein paar Schlaflieder vor. Darunter auch dieses: „I ghöre es Glöggli, das lütet so nett. De Tag isch vergange, jetzt gani is Bett. Im Bett tueni bäte und schlafe denn i. De lieb Gott im Himmel wird wohl bimer sii". Dieses „wohl" hat mich lange beschäftigt. Denn mir schien, dass dieser Gott nicht da war. (Warum sangen wir nicht: „De lieb Gott im Himmel wird bimer sii"?) Wie hätte er es sein können und dabei zulassen, was uns, was mir geschah in unserer familiären Implosion? In der ersten Kontemplationswoche bei Pia Gyger war ich allein mit solchen Fragen beschäftigt, war wütend und beunruhigt. Sie hat mir in ihrer klaren Art nur gesagt: „Du hast alles, was du brauchst, geh und koche." Das war das Thema der Woche. Kochen als Bild für leben. Ich war schockiert und auch wütend. Und ich brauchte 20 Jahre, bis ich diese Worte einholte und nun zu kochen begonnen habe, mit allem, was ich habe.

Der Weg dazu war nicht geradlinig. Oder doch? Im Nachhinein verstehen wir das Leben, heißt es. Die Evolutiven Prinzipien haben mir jedenfalls unterwegs geholfen und erinnern mich auch jetzt immer wieder daran, damit umzugehen, dass im Alltag, im Leben Tag für Tag, Jahr für Jahr nicht immer sicht- und erfahrbar bleibt, dass diese größere Bewegung, diese größere Entwicklung wirklich geschieht. Und wenn Momente geschehen, wo alles gelingt, alles geht, halfen und helfen die Evolutiven Prinzipien, auch dies sinnvoll zu deuten. Auch dies sind keine Zustände, nur Phasen. Dabei geht dieses Erleben über die allgemein bekannte Erfahrung, gute Zeiten – schlechte Zeiten, weit hinaus. Lasse ich mich auf evolutive Prozesse ein, auf die Entwicklung, die Entfaltung meines inneren Rufes, bleibt nicht viel unangetastet. Warum ließ ich mich darauf ein?

Am Ende meines Theologiestudiums sah ich mein Leben wie eine Autobahn vor mir. In der Schweiz sind nicht viele Fragen offen. Der Zug wird rechtzeitig abfahren, ich werde eine Stelle finden, meinen Freund heiraten. Wie viel Kinder wir haben werden und ob wir das ganze Leben lang zusammenbleiben oder uns scheiden lassen, schienen mir die einzigen Wegkreuzungen zu sein. Die Arbeit in einer Kirchengemeinde gibt einen gewissen Freiraum, doch sind die Grenzen des Gewünschten und Erträglichen eng. Eine gute Predigt zu einem revolutionären Thema Jesu wird gerne hingenommen, aber tatsächliche Veränderungen im Gemeindeleben, im Finanzhaushalt zu fordern, geht, so schien es mir oft, zu weit. Veränderungen im Leben der Einzelnen geschehen wohl, doch oft auf einer kosmetischen Ebene – wenn nicht Schicksalsschläge die Welt auf den Kopf stellen. Auf der einen Seite ist so alles klar, auf der anderen herrscht Bequemlichkeit und dahinter ahne ich Angst.

Die Verlogenheit der schweizerischen Idylle oder der hohe Preis, den sie fordert, kann ich den Menschen hier in Bosnien nur schwer erklären. Wer möchte nicht in Sicherheit leben, geregelte Arbeitszeiten haben, regelmäßig Lohn empfangen, sich ein schickes Auto leisten können, reisen, hervorragende Konzerte, Revox-Lautsprecher, die neusten Telefone, Computer. Wer möchte nicht in einem sauberen Land leben mit anständigen Menschen. Im Moment scheint es, viele möchten dies. Sie stehen vor den Grenzen oder sind schon da: anders, fremd, widerständig, unanständig. Und dann gehen die Grenzen zu und die hochgelobten Werte verblassen, verschwinden. Und es bleibt die Angst, die Angst, den eigenen Wohlstand zu verlieren. Dabei ist dieser Wohlstand doch nicht eigentlich ein Wohl-Stand. Unter der Oberfläche lauern Einsamkeit, Sinnlosigkeit und Verzweiflung, eine unendliche Müdigkeit, Sehnsucht nach einem Sein, das auch das Haben nicht stillen kann. Deshalb bin ich aufgebrochen und gegangen. Um in einem Land, das in Scherben liegt, wo nichts funktioniert, den inneren Frieden zu finden und dem äußeren Frieden zu dienen.

So romantisch das tönt, diese letzten 14 Jahre waren kein Spaziergang. Sie lassen sich als evolutiven Prozess aufzeigen:

Prinzip der integrierenden Vereinigung

Der Entschluss, einen Mann zu heiraten, der aus einem anderen Kulturkreis stammt, macht mein Leben bis heute zu einem Abenteuer. Bis auf die Knochen, so scheint mir, sind wir geprägt von unserem Umfeld. Auch wenn mein Mann in einer ähnlichen Familienstruktur aufgewachsen ist und wir einige kleinbürgerliche Wunden (Was würden auch die Nachbarn sagen!) teilen, haben wir doch auf jede Frage eine andere Antwort. Das gesellschaftliche Umfeld, die herrschende Ideologie waren in den 80er Jahren in der demokratisch-föderativen Republik Helvetien und in der sozialistisch-föderativen Republik Jugoslawien anders. Entsprechend unterschieden sich auch unsere familiären Wertsysteme. Kletterte ich jeden Sommer in den Bergen herum, verbrachte Srdjan seine Ferien am Meer. Hatte seine Familie den ersten Fernseher, das schönste Auto, waren wir radikal umweltbewusst ohne Fernseher und Auto. Spielte Srdjan unbeschwert mit Gewehren und hörte bald begeistert Rock, Metal und Punk, waren mir nur klassische Musik und Bücher erlaubt. Groß geworden sind wir beide – und haben die entsprechenden Wertentscheidungen internalisiert. Im Zusammenleben stehen wir bis heute vor der Herausforderung, die grundverschiedenen Ansichten zu kleinsten und größten Fragen zuerst zu ertragen, Aspekte des Anderen in sich zu entdecken, zu integrieren. Und darüber hinaus zu merken: Es gibt nicht nur zwei Antworten auf unsere Fragen. Oft ist eine dritte noch sinnvoller.

Prinzip der wachsenden Personalisation und Sozialisation

Doch bis dahin vergingen Jahre. In den ersten Jahren stritten wir viel, weil wir irritiert waren, dass jemand so anders leben, denken, ja, fühlen konnte. Ist das menschenmöglich? Beide wollten im Recht sein, beweisen, dass die eigene Art die bessere ist. Das führte zuerst dazu, dass wir uns selbst neu oder überhaupt erst wahrnahmen. Alles Normale, Selbstverständliche wurde als erlernt sichtbar. Die vielen kleinen automatischen Entscheidungen, derer wir uns vorher nie bewusst waren, weil sie in den jeweiligen Gesellschaften geteilt wurden, stießen nun mit einem Mal auf Widerstand. Wir waren gefordert.

Prinzip der Nicht-Verschmelzung

Ein Versuch, die verschiedenen Systeme zu integrieren, war zunächst eine Art Aufteilung. Einige Dinge machen wir wie du, einige, wie ich es gewohnt bin. Und wir schlossen viele Kompromisse. Wenn ich um 23h heim will und du um 2h, dann gehen wir halt um 00.30h nach Hause. Das war eine ungute Zeit. Beide waren unzufrieden, wie wenn wir aus einem Fondue und Kabiswickeln einen Eintopf gekocht hätten. Immer mehr zu merken, wie anders wir sind und den anderen in seiner Fremdheit zu ertragen, ihm Raum zu lassen – das ist eine Übung, die uns immer noch beschäftigt.

Prinzip der Pluralität

Heute können wir oft kreativ umgehen mit unseren verschiedenen Lösungsansätzen. Immer wieder gelingt es uns, dem anderen wirklich zuzuhören, unabhängig von einer Ebene des Rechthabens auch diese fremde Lösung anzuschauen. Und oft kommen uns noch zwei, drei andere in den Sinn. Auch im Zusammenleben mit unserem Sohn üben wir das Anderssein. Dabei hilft, dass wir ihn nicht gezeugt und geboren haben. Diesen Bruch in der Familienstruktur erlebe ich als Vorteil, weil alle Gedanken eines Wiedererkennens und damit einer Vereinnahmung von vornherein wegfallen, ebenso wie die Interkulturalität auf der partnerschaftlichen Ebene. Wir können uns nicht vormachen, dass wir uns verstehen. Dabei sind natürlich auch blutsverwandte Kinder eigene Wesen und Partner aus dem gleichen Kulturkreis oft viel anders als wir geprägt, aber romantische Fantasien überdecken das oft.

Prinzip der Vereinigung durch Mühe und Anstrengung

Die quasi institutionalisierte Fremdheit in unserer Familie öffnet ein ideales Lernfeld, ein Trainingsfeld. Ohne die ständige Bereitschaft zu Mühe und Anstrengung könnten wir nicht zusammenleben. Deshalb haben wir nach zehn Tagen Bekanntschaft geheiratet. Uns war klar: Wir lieben uns. Wir erkennen etwas ineinander (wieder). Doch das Zusammenleben können wir nicht üben. Solange wir zu Kompromissen bereit sind, bereit sind, uns selbst in Frage zu stellen, in Frage stellen zu lassen, können wir unser Leben teilen. In dem Moment, wo diese Bereitschaft aufhört, nützt auch die Liebe nichts mehr. Das ist bis heute so.

Prinzip der Metamorphose

Nach 16 Jahren geteilten Lebens sind wir nicht mehr dieselben. Am deutlichsten wird mir das, wenn ich manchmal zurück in die Schweiz fahre, für ein paar Tage FreundInnen treffe. Da merke ich, dass ich zwar wiedererkannt und doch, oder gerade deshalb, nicht mehr gekannt werde, wie wenn die angebotenen Formen meines alten Selbst fast physisch nicht mehr passen würden. Auch unser Zusammenleben verändert sich, diente es zu Beginn uns selbst, dann unserem Sohn, öffnen sich immer mehr Wege, unsere Erfahrungen mit einem größeren Kreis von Menschen zu teilen.

Prinzip der Emergenz

Auch in unseren Behausungen zeigt sich dies. Zuerst lebten wir in der Schweiz in einer Altbauwohnung, aßen Kartoffeln und Zwiebeln, lebten von Luft und Liebe. Dann siedelten wir nach Bosnien um, zuerst in ein kleines Holzhaus, dann in eine Mietwohnung. Schließlich kauften wir unser erstes kleines Häuschen und vor 8 Jahren erwarben wir unseren Hof. Dieser ist mittlerweile fast zu einem kleinen Dorf angewachsen. Unser ursprüngliches Haus wird zum Gästehaus, wir wohnen wieder in einem Holzhaus, und in einem alten Riegelhäuschen entsteht in Zusammenarbeit mit dem Zen-Zentrum Offener Kreis Luzern ein Zendo. Wir versorgen uns selbst mit Fleisch, Früchten, Gewürzen, Tee, Gemüse, Milch und Käse. Der Übergang zur Bewirtschaftung des Hofes nach den Regeln der Permakultur wird immer sicht- und spürbarer, kommt zum Tragen. Wir erleben Fülle – und üben mittlerweile die Leere. Im Äußeren wird so die innere Entwicklung sichtbar: Unser Hof wurde vom Heim zum Ort der Selbstversorgung, von einem Labor der Permakultur zu einem Ort, wo Zen geübt wird. Und ich – wir spüren: Hier ist der Prozess nicht fertig. In der wieder sehr angespannten Situation in Bosnien und Herzegowina, wo Kettengerassel, Drohungen und Angstmacherei zum politisch-medialen Alltag gehören und die Menschen in Bann schlagen, wollen wir am Frieden festhalten, den Frieden suchen, dem Frieden dienen. Ohne selbst frei von Aggressionen zu sein, ohne selbst in jeder Situation Gewaltfreiheit zu üben – und gerade deshalb das Potential auch unserer sogenannten negativen Emotionen furchtlos zu erforschen und zu transformieren.

Prinzip der Freiwilligkeit

Was lange von außen und manchmal auch von innen chaotisch, fragwürdig und sinnlos erschien, fügt sich zu einem Ganzen, das außer uns wohl nur wenige erahnt haben. Heute trägt uns, dass jeder unserer Schritte freiwillig war, bewusst, in voller Verantwortung. Unser Leben ist uns nicht passiert. Wir haben immer wieder entschieden und uns Umstände geschaffen, die unsere eigene Aktivität einfordern. Wir haben sechs Hausregeln:

1. Sorge dafür, dass es dir gutgeht.
2. Zähme deinen inneren Schweinehund.
3. Pack an, wo du siehst, dass es notwendig ist.
4. Sei dein eigener Polizist.
5. Blamiere dich täglich.
6. Achte deine Möglichkeiten und die der anderen.

Die dritte Regeln heißt auf Serbisch: Budi dobrovoljac. Sei ein Freiwilliger. Der freie Wille ist, was uns zu Menschen macht. Wir können und müssen immer wieder entscheiden. Verantwortung übernehmen und beeinflussen damit uns, unser Leben und die Welt.

Prinzip der Synergie

Wir waren lange alleine unterwegs, selbst wohl zu unklar, um Resonanzen zu finden, nicht bereit, weitere Partnerschaften einzugehen, mit allem, was dazugehört. In den letzten Jahren hat sich das verändert. Im erneuerten Kontakt mit Anna Gamma und den Menschen, mit denen sie ihr Leben teilt, entstand und entsteht Wunderbares, Erstaunliches, überraschend Neues. Mir kommt der Satz in den Sinn: Eins plus eins ist nicht zwei. Das ist auf der partnerschaftlichen Ebene so, auf der Ebene der Kleinfamilie und der der Resonanzfamilie. Ich liebe dieses Wort in Ergänzung zu dem der Blutsfamilie, die uns im Materiellen bindet und beauftragt hat, uns mit bestimmten Themen zu beschäftigen, die wir miterlösen können. Wir haben eine große Resonanzfamilie, Menschen, mit denen wir uns tief verbunden haben – ohne Grund könnte ich sagen. Einfach, weil wir Liebe zu ihnen spürten. Wie abgenutzt das Wort Liebe ist! Wie kitschig das klingt: „Weil wir Liebe zu ihnen spürten". Ich meine damit etwas, das durchaus nicht nur angenehm ist. Eine Resonanz, die mich in die Verantwortung ruft, in Prozesse, die ich eigentlich so nicht eingehen würde, mit Menschen, mit denen ich das eigentlich nicht muss. Daraus entstand wieder ein Feld der Fülle. Die Resonanz mit Anna Gamma und ihrem Zen-Zentrum Offener Kreis basiert auf dem Schweigen. Die Erfahrungen mit und unter Menschen, die gemeinsam schweigen, die Stille üben, den inneren Frieden suchen, gehören zu den wertvollsten meines Lebens. Sie sind der Grund meiner Hoffnung, meines Festhaltens am Frieden.

Prinzip der Zentrogenese

Ich bin in einer Kultur aufgewachsen, die den Einzelnen ins Zentrum stellt, mit allen Vor- und Nachteilen. Jeder Einzelne ist aufgerufen, sich selbst zu sein, sich zu entfalten, sich zu verbessern. Nun lebe ich in einer Kultur, die das (ethnische) Kollektiv ins Zentrum stellt. Der Einzelne hat keinen Wert an sich, kann alleine nicht überleben. Jeder Einzelne ist aufgerufen, die gemeinsame Geschichte zu erinnern, die gemeinsame Sicherheit zu verteidigen. Beide Systeme erlösen uns in meiner Erfahrung nicht zur Freiheit, wir selbst zu sein. Im gemeinsamen Schweigen öffnete sich mir eine neue Ordnung, die ich erst erahne. Ein Kollektiv von Einzelnen, die verschieden sind und doch demselben dienen, mit dem, was sie haben und sind. Eine Gemeinschaft rund um einen leeren Ort, um einen Platzhalter, der jede und jeder anders benennen kann, der sich in seiner Leere im Letzten dem (Recht)Haben entzieht und damit die verschiedenen Interpretationen untereinander befriedet, und auch die verschiedenen Gaben und Charismen. Eine im Äußeren ungleiche, innere Gleich(wertig)-heit erschließt sich mir, der ich weiter nachgehen will.

Ob ich auch so entschieden hätte, wenn ich die Evolutiven Prinzipien nicht gekannt hätte? Ich denke schon. Die Evolutiven Prinzipien sind für mich in dem Sinne nicht etwas, was mein Leben verändert, sondern etwas, das mir hilft, mein Leben zu deuten, was mir passiert, zu verstehen. Schwierige Zeiten werden als Phasen ebenso sichtbar wie beflügelte. Doch hätte ich nicht so entschieden, hätte ich die Menschen nicht getroffen, die diese Prinzipien er- und gelebt haben. Die Möglichkeit, sich dem inneren und dem äußeren Ruf des Lebens hinzugeben mit Haut und Haaren, hat mich inspiriert und ermutigt. Ich bin keine Nonne geworden und doch fühle ich mich in Resonanz zu den drei Gelübden dieser Berufung. Ich stelle meine vitalen, meine emotionalen und meine mentalen Möglichkeiten nicht in den Dienst meiner Selbstbefriedigung, sondern in den Dienst meines Hier und Jetzt. Es gibt kein vorgefertigtes Programm, dem ich mein Leben lang diene, keine Mauern, kein Dresscode, keine Isolation. Es gibt weder Schutz noch Zwang, keine äußere Instanz, die mich überprüft. Das Leben selbst wird zum Prüfstein für meinen Weg.

Das ist es in jedem Fall. Auch in Ihrem. Wo sind Sie gerade? Womit sind Ihre Tage gefüllt, erfüllt? Sind Sie zufrieden, in Frieden mit sich und der Welt? Was waren die wichtigsten Entscheidungen Ihres Lebens? Warum haben Sie so entschieden? Wo zieht es Sie hin?

Ich grüße Sie von Herz zu Herz und verneige mich vor dem Wunder, das Sie sind. Sretan put – einen glücklichen Weg wünsche ich Ihnen.

TEIL II

Von New York nach Jerusalem
Oder: Die Entwicklung des
Lassalle-Institut-Modells®

Betrachte die Welt aus globaler, weltweiter Sicht. Liebe die Welt
mit globalem, weltumspannendem Herzen. Verstehe die Welt
mit globalem, weltumspannendem Verstand. Werde eines mit
der Welt durch einen globalen, weltdurchdringenden Geist.[26]

D as Lassalle-Institut-Modell nimmt seinen Anfang in einem Buch von
Niklaus Brantschen und in Tagebuchnotizen von Pia Gyger, die sie während einer Generalversammlung am Hauptsitz der Vereinten Nationen in New York schrieb. Das Modell wird konkreter während eines Studienaufenthaltes in Jerusalem und bekommt seinen letzten Schliff am Sitz des Lassalle-Instituts in Bad Schönbrunn, Edlibach.

„Du selbst bist die Welt" ist der programmatische Titel des Buches von Niklaus Brantschen. Sein zentrales Anliegen ist, dass Spiritualität nicht in der Innerlichkeit enden darf. Echte Spiritualität drängt vielmehr zu nachhaltigem Handeln auf allen Ebenen. Dazu führt er verschiedene Beispiele an. In einer Zeit, in der durch die technologische Entwicklung die Erde zu einem globalen Dorf geworden ist, kann sich verantwortliches, zukunftsfähiges Handeln nicht nur

---

26   Muller, Robert: *Planet der Hoffnung,* S. 117. Robert Muller war 40 Jahre Vizegeneralsekretär der Vereinten Nationen in New York.

auf die persönliche Ebene beschränken. Der Bereich unserer Verantwortung ist global groß geworden, ob wir wollen oder nicht. Entscheidungen von global agierenden Unternehmen und Staaten mit Hegemonialansprüchen beeinflussen unser alltägliches Leben. Und durch unser Konsumverhalten können wir wiederum politische Entwicklungen subtil mitbestimmen.

Dies ist ein Novum in der Geschichte der Menschheit. Noch nie war der Bereich unserer Verantwortung so groß. Schritt für Schritt, manchmal freudvoll, manchmal mühsam sind wir dabei, die dazu notwendigen Schritte zu lernen. Die Lernmöglichkeiten und –felder sind so breit gefächert wie kaum zuvor in der Menschheitsgeschichte. Der Zugang zu Informationen scheint dank der Globalisierung der Informationsflüsse und der elektronischen Datenverarbeitung unbeschränkt. Trotzdem bleibt ein Unbehagen, da Informationen bekanntlich nicht ausreichen, um eine notwendige persönliche und institutionelle Transformation einzuleiten und zu fördern.

In den letzten Jahrzehnten habe ich das transformatorische Potenzial des kontextuellen Lernens schätzen gelernt. Städte, Orte und Organisationen können zu besonderen LehrmeisterInnen werden, wie beispielsweise der Hauptsitz der Vereinten Nationen in New York. Seit der Gründung des Lassalle-Instituts 1995 nahm das Leitungsteam regelmäßig an Sitzungen der Generalversammlung teil, um den Prozess der Selbstorganisation der Menschheit zu beobachten und zu reflektieren, so auch im September 1997. Wieder einmal saß ich neben Pia Gyger im Plenarsaal des Hauptgebäudes. Wir waren gekommen, um den Berichten von Diplomaten verschiedener Länder zuzuhören. Plötzlich griff sie in ihre Tasche, holte Heft und Schreibzeug hervor und begann zu schreiben. Ich kannte dieses Verhalten. Sie besaß die Begabung des inspirierten Schreibens. Immer dann, wenn sich neue Informationen meldeten, brauchte sie Stift und Papier. Während am Rednerpult Ländervertreter über die Lage ihrer Nation sprachen, gab sie sich der Aufgabe hin, Informationen aus dem transpersonalen Feld zu empfangen. Sie wusste im Voraus nie, was sie schrieb, war oft selbst überrascht von den Inhalten der Botschaften. Da dieser Text noch nie veröffentlicht wurde, habe ich ihn hier in der ungekürzten Fassung aufgenommen[27]:

---

27 Unveröffentlichtes Tagebuch vom 21.09.1997

„Du hörst nun die verschiedenen Delegierten der Länder sprechen. Achte auf ihre Ausdrucksform, achte darauf, wie weit sie
ein Gleichgewicht finden zwischen den drei wesentlichen Polen,
die jetzt in euch und in euern Organisationen zur Einheit verschmolzen werden sollen:

Absolute Gleichheit in der Essenz: Jeder Mensch ist Ausdruck
der göttlichen Liebe. Jeder Mensch ist gleichwertiger Ausdruck
der göttlichen Liebe. Alle Unterschiede bezüglich Wert und
Würde sind Ausdruck dualistischer Erfahrung der Wirklichkeit.

Absolute Unterschiedlichkeit in Ausdruck und Form: Jeder
Mensch ist anders! Hier wirst du konfrontiert mit den verschiedenen Rassen, Kulturen und Sprachen, die sich auf der Erde
gebildet haben. Dies ist nur ein Ausdruck des zur Menschheit
gehörenden Prinzips der Unterschiedlichkeit. Die eine Essenz
drückt sich in jedem Atom einmalig und unwiederholbar aus.
Ihr unterscheidet euch nicht nur hinsichtlich Hautfarbe. Ihr
unterscheidet euch in jedem Atom. Die Pluralität aller Form ist
die Grundlage aller Anziehung. Die Anziehung und die Vereinigung ist das Prinzip aller Ergänzung, Entwicklung und Evolution. Lernt miteinander, Einheit und Unterschiedlichkeit zu
spüren und zu feiern! Wenn immer es euch in den Hallen der
Vereinten Nationen gelingt, diese von euch bis jetzt getrennten
Pole zusammenzubringen, erhöht ihr das Potenzial der Menschheit, Frieden von innen her entstehen zu lassen.

Absolute Einmaligkeit: Jeder Mensch ist ein einmaliger Ausdruck der allumfassenden Liebe und Schöpferkraft. Jedes Haar,
jeder Fingernagel, jedes Organ, jede Zelle eines lebendigen
Wesens schwingt in dem ihm gemäßen Rhythmus. Jeder Rhythmus ist eine einmalige Frequenz des Universalen Christus. Alle
Rhythmen zusammen werden den einmaligen Ton der Erde
ausmachen in dem Maße eurer Fähigkeit, die Einheit in der
Schöpfung, die Unterschiedlichkeit in der Form und die Einzig-

artigkeit und Würde in allem Geschaffenen zu erkennen, zu
ehren und zu lieben. Spürt miteinander, welch großer Reichtum
in diesen drei Dimensionen darauf wartet, zum Leben erweckt
zu werden. Sensibilisiert euch in euern Wir-Runden für diese
drei Dimensionen – findet Sprache für dieses noch ungehobene
Potenzial innerhalb der Menschheit."

Bereits in diesem Text leuchtet auf, was im Lassalle-Institut-Modell als die drei Weisen des Seins beschrieben wird: die Einheit allen Seins, die Verschiedenheit in der Form und die Einzigartigkeit jedes Ausdrucks der Schöpfung. Um es schon einmal vorwegzunehmen: Jeder menschliche Organismus, unabhängig davon, wie klein oder groß er auch immer sein mag, wird weiter wachsen und sich nachhaltig, das heißt zum Wohle aller, entwickeln, wenn dieser grundlegenden Struktur von Einheit, Verschiedenheit und Einzigartigkeit Aufmerksamkeit geschenkt wird.

Bis aus dem inspirierten Text ein Instrument entstand, sollten noch einmal drei Jahre vergehen. Beim nächsten Entwicklungsschritt stand eine andere Weltstadt Pate, Jerusalem. Der Zen-Meister Bernie Glassman lud im Jahr 2000 seine Nachfolger zu einer speziellen Studienwoche nach Jerusalem ein. Die Teilnehmenden reisten nicht nur aus verschiedenen Erdteilen an, das Besondere an ihnen war, dass sie verschiedenen religiösen und spirituellen Traditionen angehörten: neben Buddhisten auch Juden, Christen und Muslime. Ihre Aufgabe bestand darin, in ihren je eigenen heiligen Schriften nach Texten zu suchen, die ähnlich strukturiert sind wie ein Koan. Koan sind paradoxe Geschichten, die in der Zen-Schulung eingesetzt werden, um die Erfahrung der Einheit allen Seins zu ermöglichen und zu vertiefen. Zu ihrem Wesensmerkmal gehört, dass sie mit dem rationalen Geist nicht erfasst werden können. Diese außerordentliche Errungenschaft der menschlichen Bewusstseinsentwicklung muss losgelassen werden. Die Einsicht gelingt nur durch einen mutigen Sprung in eine andere Bewusstseinsdimension. Da ich Niklaus Brantschen und Pia Gyger in einem Forschungsprojekt des Instituts vertrat, reisten die beiden ohne mich. Ich war jedoch höchst interessiert an den Ergebnissen dieser Studienwoche. Mein Erstaunen war groß, dass die beiden nicht eine Vielzahl von Sätzen aus dem ersten und zweiten Testament, wie etwa: „Ehe Abraham war, bin ich" (Joh. 8,58) nach Hause brachten, sondern den ersten Entwurf eben des Lassalle-Institut-Modells. Sie waren erfüllt von einer elektrisierten, schwungvollen, heiteren Energie, die ansteckend und motivierend war. Der Grundlagentext[28] ließ nicht lange auf sich warten. Klarheit und Schlichtheit in Sprache und Form, die dem Zen eigen ist, zeigen sich auch in diesem Modell. Es lässt sich in wenigen Worten und in einer einfachen geometrischen Figur zusammenfassen:

„Es besteht aus 3x3 Elementen und verbindet Erkenntnis, Erfahrung und Handlung:

- Neben der mentalen Intelligenz (IQ) werden die emotionale (EQ) und spirituelle Intelligenz (SQ) gleichmäßig angesprochen und gefördert.

- Die ganzheitlich entfaltete Intelligenz macht erfahrbar, dass Einheit, Verschiedenheit und Einzigartigkeit zur Seinsstruktur von Mensch und Welt gehören.

- Nachhaltiges Handeln umfasst die individuelle (Mikro-), die institutionelle (Meso-) und die globale (Makro-) Ebene."[29]

Die Darstellung stammt von Jörg Eugster, ehemaliger Mitarbeiter des Lassalle-Instituts, und Anna Gamma.

---

28 Lassalle-Institut-Modell, bisher unveröffentlichter Text (siehe Anhang)
29 S. 5 in Broschüre «GEIST & Leadership»®

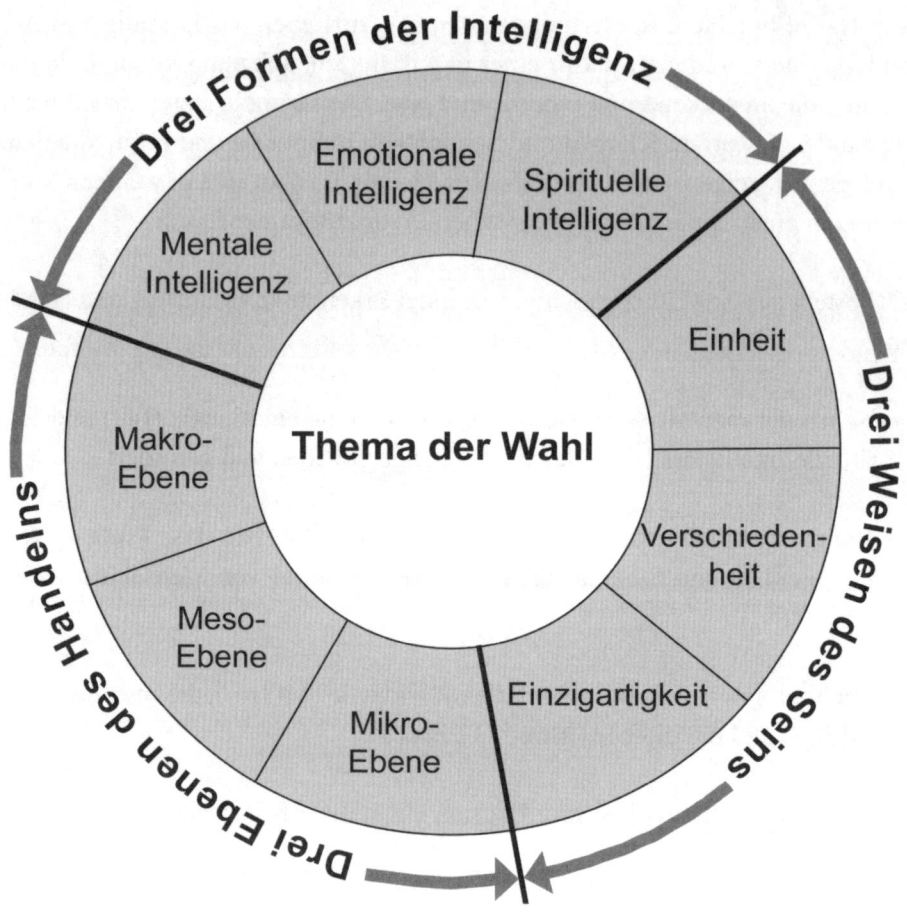

Dieses Modell hat im Lassalle-Institut in verschiedenen Bereichen als ausgezeichnetes Arbeitsinstrument gedient. Es bildete die Grundlage zur Entwicklung verschiedener Lehrgänge für Führungskräfte, Berater und Coachs. Dabei ist es nicht geblieben. Mit der Zeit habe ich begonnen, auf dieser Grundlage in meinen Zen-Kursen Vorträge zu halten. Die Rückmeldungen der Teilnehmerinnen und Teilnehmer öffneten mir einen weiteren Blick für die Arbeit mit dieser Landkarte. Für viele ist es zum integralen Problemlösungstool im beruflichen und privaten Lebensalltag geworden.

Ich werde im Folgenden die einzelnen Elemente des Modells näher erläutern und Hinweise geben, wie damit gearbeitet werden kann. Im Anschluss daran wird Niklaus Brantschen den ko-kreativen Prozess der Entwicklung des Lassalle-Institut-Modells aus seiner Sicht beschreiben. Thomas Klink, Studiengangleiter an der Fachhochschule für Psychologie in Zürich, zeigt auf, wie mit diesem Instrument in der Führung gearbeitet werden kann. Barbara v. Meibom, Professorin und Leiterin von Communio, Institut für Führungskunst in Berlin, beleuchtet aus der Sicht einer Politikwissenschaftlerin die Bedeutung der Interdependenz der Ebenen des Handelns. Zu guter Letzt werde ich die Weiterentwicklung des Modells skizzieren.

Das Lassalle-Institut-Modell
Oder: – Landkarte Nummer 2

*Die Frage nach der Identität bekommt in unseren Tagen eine
neue Dringlichkeit. Das hat mit einer multikulturellen und
multireligiösen Gesellschaft zu tun, die zudem noch in einem
starken Wandel begriffen ist. Beinahe sämtliche Institutionen,
die Generationen vor uns noch einen Ort der Zugehörigkeit zu
bieten vermochten, haben diese Fähigkeit verloren...In einer
solchen Situation bilden sich neue, offene Formen der Identität.
Allen diesen scheint eines gemeinsam zu sein: die Erfahrung
des inneren Reichtums und des Zuhause-Seins bei sich.*[30]

Wie bereits erwähnt, besticht diese Landkarte durch ihre Einfachheit und
Klarheit. Dies kommt nicht von ungefähr, denn sie ist nicht nur verankert in der Zen-Philosophie und -Praxis, sondern gleichsam auch eine moderne
Umsetzung, worum es im Zen heute geht: die Entfaltung des ganzheitlichen,
menschlichen Potenzials, das Gewahrsein der Grundstruktur allen Seins und
ein zukunftsfähiges, mitfühlendes Handeln von der ganz persönlichen bis zur
global-kosmischen Ebene.

Drei Formen der Intelligenz
Oder: Das ganzheitliche menschliche Potenzial

In der Literatur werden verschiedene, oft auch äußerst differenzierte Modelle
des menschlichen Potenzials beschrieben. Brantschen und Gyger beschränkten
sich auf drei existenzielle Grundformen der Intelligenz. Sie werden im Folgen-

---

30 Brantschen, Niklaus: *Auf dem Weg des Zen*, S. 22

den getrennt dargestellt, obwohl sie zusammengehören und sich teilweise auch überlappen. Dies ist denn auch ein zentrales Anliegen der beiden. Zum Wesen des Menschen gehören die drei Formen der Intelligenz. Es ist unsere (Lebens)-Aufgabe, sie gleichmäßig zu entfalten und ihr Zusammenspiel im Alltag bewusst zu leben. Dieser Auftrag ist gar nicht so einfach, denn in unserem Kulturraum steht die mentale Intelligenz fast ausnahmslos hoch im Kurs. Sie kennzeichnet die Erfolgreichen. Die emotionale Intelligenz wird gerne an Frauen delegiert und die spirituelle Intelligenz in den Raum der Esoterik abgeschoben. Wer diesem Denkmuster verfällt, verpasst Wesentliches, schränkt seinen Lebensraum unnötig ein, mit manchmal fatalen Folgen für die eigene Person, aber auch für die Menschen, mit denen wir zusammenleben und -arbeiten.

Gelingt es uns nicht, die drei Formen der Intelligenz im Laufe unseres Lebens gleichmäßig und gleichgewichtig zu entfalten, dann werden wir entweder kalte, arrogante Kopfmenschen, in chaotischen Gefühlsleben gefangene Softies oder über dem Boden schwebend, engelsgleiche Wesen. Es lohnt sich in jedem Fall, sich den drei Formen der Intelligenz zuzuwenden. Wer dies tut, entwickelt sich zu einer authentischen, freien und mitfühlenden Persönlichkeit.

„Ich denke, also bin ich."
Oder: Die mentale Intelligenz

Am vertrautesten ist uns wohl die mentale Intelligenz. Sie wird in der Schule und der beruflichen Aus- und Weiterbildung am stärksten geschult und gefördert, denn sie verspricht in unserer leistungsorientierten westlichen Welt den größten Erfolg. Da sie uns so geläufig ist, gehe ich nur kurz auf diese Intelligenzform ein.

Im Vordergrund steht das logisch-rationale Denken mit den Fähigkeiten wie Daten und Fakten analysieren, strukturieren und ordnen, zielorientiert Handlungsabläufe planen – eben denken, denken und nochmals denken. Diese Fähigkeit hat der Mensch im Laufe seiner Entwicklungsgeschichte vom Homo sapiens zum Homo sapiens sapiens spät erworben. Einen wesentlichen Beitrag dazu leisteten die griechischen Philosophen. Den Höhepunkt dieser Entwicklung formulierte wohl Descartes mit dem denkwürdigen Satz: „Ich denke, also bin ich" – eine maßlose Verkürzung menschlicher Existenz auf die Fähigkeit zu denken.

Die Entwicklungspsychologie setzt den Erwerb der Fähigkeit zu denken erst nach den ersten Lebensjahren an. Damit verbunden ist ein wachsendes Bewusstsein der Freiheit und der Freude, „Ich" zu sagen, das manchmal auch in eine Begeisterung ausartet, welche die Erziehungspersonen ganz schön herausfordern kann. Das Kind entwickelt in einer liebevoll fördernden Umgebung ein gesundes Selbstbewusstsein, wird zunehmend eigenständig und frei. Das ist eines der Geschenke unserer Fähigkeit, zu denken und zu abstrahieren.

Beziehungsfähigkeit
Oder: Die emotionale Intelligenz

Während in der mentalen Intelligenz das Ich im Mittelpunkt steht, stellt sich in der emotionalen Intelligenz das „Wir" daneben. So unterscheiden Gyger und Brantschen denn auch zwei Bereiche der emotionalen Intelligenz: die intrapersonale Intelligenz bzw. den emotional intelligenten Umgang mit sich selbst und die interpersonale Intelligenz bzw. die soziale Intelligenz, die wir üblicherweise allein mit der emotionalen Intelligenz in Verbindung bringen.

Selbstkompetenz
Oder: Die intrapersonale Intelligenz

Der emotional intelligente Umgang mit uns selbst ist zutiefst verbunden mit der Fähigkeit, sich selbst in seiner Ganzheit wahrzunehmen, angefangen vom Körper, den Gefühlen, bis zur Seele und dem Geist. Der Körper ist weit mehr als eine perfekte Maschine. Er ist ein wichtiges Wahrnehmungsorgan. In ihm ist eine besondere Weisheit lebendig, von der im abschließenden Kapitel noch einmal die Rede sein wird. Nehmen wir seine Signale nicht ernst genug, so können sie sich manchmal zu schmerzlichen Symptomen entwickeln. Es zahlt sich in jedem Fall aus, seinen Körper nicht nur fit zu halten, sondern auch auf seine tieferen Impulse hören zu lernen. Die Körperachtsamkeit ist ein Aspekt der intrapersonalen Intelligenz.

Menschen, deren primäre Funktion der logisch-rationale Verstand ist, scheinen keine Schwierigkeiten mit Gefühlen zu haben. Sie spüren sie einfach nicht, nehmen sie nicht wahr. Wenn sie gelegentlich doch einmal durchbrechen, sind sie ungeschliffen, lästig und nicht selten sogar bedrohlich. Wer in dieser Weise durchs Leben geht, hat sich von einem wesentlichen menschlichen Potenzial abgeschnitten, denn Gefühle sind Geschenke, die das Leben farbig und kostbar machen. Selbstverständlich schätzen wir die sogenannt positiven Gefühle wie Freude, Glück und Liebe mehr als die negativen wie Neid, Ärger und Hass. In diesem Zusammenhang ist es hilfreich, sich bewusstzumachen, dass Gefühle sich auf einer Polaritätsskala bewegen. Konkret bedeutet dies: Können wir Hass nicht in uns als Möglichkeit zulassen, so sind wir auch nicht fähig zu großen Liebesgefühlen. Denn Hass ist die Umkehrung, d.h. der andere Pol, von Liebe. Emotional intelligent bedeutet dementsprechend, Meisterin und Meister im Umgang mit den eigenen Gefühlen zu sein. Ein erster Schritt dazu ist die achtsame Wahrnehmung der eigenen Emotionen und dazu gehören auch Stimmungen. So werde ich im Anschluss an dieses Kapitel zwei Übungen vorstellen, eine aus der transpersonalen Psychologie und die andere aus der gewaltfreien Kommunikation. Wer mit ihnen geduldig und diszipliniert übt, gewinnt mit der Zeit Meisterschaft im Gefühlsleben.

Zu unserem seelischen Innenraum gehören zudem unsere Gedankenwelt, innere Bilder und Vorstellungen, Erinnerungen und Träume. Unser Gehirn ist außerordentlich aktiv. Es denkt unablässig, unkontrolliert hüpfen die Gedanken von einem Ort zum nächsten Gegenstand. Sind sie verbunden mit Erinnerungen und damit auch mit Emotionen, dann geschieht es nicht selten, dass sich die Gedankenketten wie auf einer Achterbahn unablässig drehen. Wir führen unfruchtbare Selbstgespräche, ehe es uns gelingt, damit aufzuhören. Im Laufe des Lebens entwickeln wir glücklicherweise Wege, paradoxerweise vor allem über leidvolle Erfahrung, um aus dieser Sackgasse auszubrechen.

Manche gehen in die Natur und wandern einige Zeit, bis Stille und Schönheit Wut, Schmerz oder Zorn besänftigen. Andere tanzen, spielen oder reden mit Freundinnen und Freunden über die Geschichte, die sie bedrückt und die sie nicht loslassen können. Eine einfache, aber nicht weniger effektive Übung ist die Achtsamkeit im Atem. Sie hilft, im Jetzt anzukommen, ein Augenblick, der frei von Gedanken und Gefühlen ist. Es öffnet sich ein Bewusstseinsraum, der ermöglicht, der schwierigen Situation eine positive Deutung zu geben und mindestens ansatzweise zu verstehen, was wir hier zu lernen haben. Und damit sind wir bei der spirituellen Intelligenz angekommen. Doch zuvor wenden wir uns erst einmal der emotionalen Intelligenz in ihrem sozialen Aspekt zu.

Wir-Intelligenz
Oder: Die interpersonale Intelligenz

Kontakt- und Beziehungsfähigkeit zu anderen Menschen ist der Kern dieses menschlichen Potenzials. Diese Fähigkeit beginnt, wie bereits erwähnt, mit der intrapersonalen Intelligenz. Wer in einem guten Kontakt zu sich selber steht und sich selbst wertzuschätzen vermag, dem fällt es nicht schwer, ja, es wird sogar zum Bedürfnis, Anerkennung in der Beziehung zu anderen Menschen zum Ausdruck zu bringen.

Unsere Fähigkeit, mit Menschen in einen persönlichen Kontakt zu treten, Begegnungen für beide Seiten erfüllend zu gestalten, Beziehung zu pflegen und diese aufrechtzuerhalten, wird durch verschiedene Faktoren mitbestimmt. Es sind erst einmal Beziehungsmuster, die wir in unserer Kindheit in der Familie, in der Freizeit und in der Schule erworben haben. Unsere Denkmuster über das Gelingen oder Scheitern in Beziehungen, unsere Vorstellungen, Vorurteile, Generalisierungen und Wünsche sind ebenso wirkmächtig. Auch Gefühle und Bedürfnisse spielen eine wesentliche Rolle. Ängste vor Verlust, vor physischer, psychischer oder geistiger Überlegenheit des Gegenübers können Beziehungen verkomplizieren und Verwirrung stiften. Ärger, Sorgen und depressive Verstimmungen engen uns ein und verringern unsere Fähigkeit, auf Stimmungen anderer Menschen adäquat und sensibel genug einzugehen und sie zu verstehen. Goleman[31] schreibt, dass genau diese Fähigkeit zum Wesen der Kunst, Beziehungen zu gestalten, gehört, nämlich dass man mit den Emotionen eines anderen wie Schmerz oder Freude angemessen umzugehen weiß. Und er fährt fort: „Auf dieser Grundlage reift das, was man „Menschenkenntnis" nennt. Dies sind die sozialen Kompetenzen, die für den Erfolg im Umgang mit anderen entscheidend sind; wer hier Defizite hat, kommt in der sozialen Welt nicht zurecht und wird immer wieder interpersonale Katastrophen erleben. Gerade der Mangel an diesen Fähigkeiten kann dazu führen, dass die intellektuell Begabtesten in ihren Beziehungen scheitern, dass man sie als arrogant, widerlich und gefühllos empfindet. Wer diese sozialen Fähigkeiten besitzt, kann eine zwischenmenschliche Begegnung gestalten, kann andere mobilisieren und inspirieren, hat gute freundschaftliche Beziehungen, kann andere überzeugen und beeinflussen, kann eine entspannte Atmosphäre schaffen."

Was Goleman in der Mitte der 90er Jahre des letzten Jahrhunderts auf der Basis mehrheitlich soziopsychologischer Studien ausführlich darlegt, wird inzwischen von der neurobiologischen Forschung mehrfach bestätigt. Der Mensch ist wesentlich auf Zuwendung und gelingende mitmenschliche Beziehungen angelegt. Wer schon einmal einen geliebten Menschen verloren hat, weiß, wie sehr durch diesen Verlust Lebenssinn, Lebensmotivation und Lebenswillen gleichsam verloren gehen können. So schreibt Joachim Bauer: „Neurobiologische Studien zeigen: Nichts aktiviert die Motivationssysteme so sehr wie der Wunsch, von anderen gesehen zu werden, die Aussicht auf soziale Anerkennung, das Erleben positiver Zuwendung und – erst recht – die Erfahrung der Liebe."[32] Noch eine wichtige Erkenntnis hat die neurobiologische Forschung ergeben. Werden die körpereigenen Antriebssysteme in der Kindheit, in Familie und Schule über Zuwendung und Zuneigung nicht angeregt, schalten sie einfach ab und entwickeln sich nicht, mit verhängnisvollen Folgen für die psychische, physische und geistige Entwicklung des Kindes. Die erfreuliche Meldung ist, dass das Gehirn bis ins hohe Alter formbar bleibt und deshalb diese Defizite durch neue Erfahrungen in einem therapeutischen Prozess nachgeholt werden können.

---

31 Goleman, Daniel: *Emotionale Intelligenz,* S. 147
32 Bauer, Joachim: *Prinzip Menschlichkeit,* S. 37

Menschen mit einer hohen interpersonalen Intelligenz verfügen im Wesentlichen über folgende Kompetenzen: offenes Gewahrsein von sich und dem Gegenüber, Empathie und Mitgefühl. Offenes Gewahrsein befähigt dazu, in der Begegnung mit sich und den anderen mit einem wachen Geist wertneutral, präsent zu sein und nichts in der Wahrnehmung auszublenden oder auszuschließen. Empathie erlaubt uns, Gefühle und Stimmungen wahrzunehmen, insbesondere auch die Körpersprache des Gegenübers. Und Mitgefühl schafft einen vertrauensvollen Beziehungsraum, in dem sich das Gegenüber selbst unmittelbar wahrnehmen und insbesondere in Berührung sein kann mit tiefen, schmerzlichen Ereignissen und den darin verborgenen Gefühlen und Erfahrungen.

Sei, was du bist
Oder: Die spirituelle Intelligenz

Es geschieht leider immer noch allzu oft, dass diese Intelligenzform falsch verstanden wird. Entweder wird sie allein jenen Menschen zugeordnet, die in einem Glaubenssystem westlicher oder östlicher Prägung Heimat gefunden haben oder sich in esoterischen Kreisen bewegen. Spirituelle Intelligenz greift jedoch tiefer. Sie ist eine wesenhafte, fundamentale menschliche Kompetenz, die uns ermöglicht, uns mit Wert- und Sinnfragen auseinanderzusetzen und tragende Antworten zu finden. Es ist jene Fähigkeit, die uns erlaubt, unser Leben in einem größeren Sinnzusammenhang zu erfahren. Und es ist jene Intelligenz, die uns befähigt, der inneren Stimme des Gewissens zu folgen, die uns Ausrichtung gibt in Entscheidungssituationen und in unserem Lebensentwurf.

Pia Gyger hat eine einfache Übung entwickelt, wie wir im Alltag der inneren Stimme immer tiefer gewahr werden können. Es ist eine bestimmte Form des Tagebuchschreibens, das sie „Spirituelles Journal" nannte. Regula Grünenfelder, eine ehemalige Mitarbeiterin des Lassalle-Instituts, und ich haben es gemeinsam ausformuliert. Das Spirituelle Journal ist im Anhang aufgeführt.

Zusammenfassend kann festgehalten werden, dass es den Menschen wesentlich menschlicher macht, er immer mehr er selbst wird, wenn er sich auch um die bewusste Entfaltung der spirituellen Intelligenz kümmert. In den folgenden Abschnitten werde ich darauf eingehen, welche Schwierigkeiten im Alltag damit verbunden sind und wie wir diese mindestens ansatzweise überwinden können.

Das ewige Problem mit den Werten

In meiner Tätigkeit als Unternehmensberaterin bin ich vielfach den Schwierigkeiten bei der Umsetzung von Leitbildern begegnet. Die Entwicklung des zentralen Wertesystems eines Unternehmens wird von den Mitarbeitenden fast immer als kreative, motivierende und anregende Erfahrung erlebt. In den meisten Fällen flauen nach einiger Zeit die Wertediskussion und die damit einhergehende Begeisterung ab. Spätestens dann steht das zentrale Thema, begleitet meistens auch von einem Unbehagen, das gelegentlich zur Frustration wird, im Raum: die konkrete Umsetzung in den Alltag. Stimmen werden laut wie: Wir haben wunderbare Werte erarbeitet, aber im Alltag werden sie nicht gelebt. Unzufriedene sprechen gar von der Produktion von Makulatur oder einer Hochglanzfolie, bestenfalls für die Homepage oder die Unternehmensdokumentation bestimmt. Diese Dynamik spielt sich nicht nur auf der unternehmerischen Ebene ab, sondern auch in der persönlichen, eigenen Welt. Wir ertappen uns immer wieder, dass wir zwar wertschätzend mit den Mitmenschen umgehen wollen, aber oft weit davon entfernt sind. Die entscheidende Wende wird nicht durch den moralischen Zeigefinger nach dem Motto „du sollst oder du musst!" oder gar einer Entwertung erreicht. Der „missing link" zwischen einem angestrebten Wert und dem tatsächlich gelebten Verhalten ist die Kultivierung einer inneren Haltung. Und diese ist wesentlich durch die Entfaltung der spirituellen Intelligenz zu erreichen, insbesondere durch die Herzintelligenz.

Die Sprache des Herzens

Es ist nicht nur das Anliegen von spirituell orientierten Menschen, diese machtvolle Intelligenz zu entfalten, sondern auch von Medizinern, die auf das Herz spezialisiert sind. Einige betonen, dass das Herz weit mehr als eine außergewöhnlich leistungsfähige Pumpe ist. Es ist ein elektromagnetisches und damit universelles, wie auch ein neuronales und damit biologisches System. Das Herz denkt und fühlt, es speichert nicht nur Informationen, sondern kommuniziert im universellen, elektromagnetischen Feld mit allen anderen Herzen und mit dem ganzen Universum. Damit wird es zum Schlüssel jener astrophysischen Erkenntnis, die besagt, dass jeder Ort im Universum und damit auch jeder Mensch Zentrum des Universums ist. Astrophysiker wie Arnold Benz und Nuklearphysiker wie Hans-Peter Dürr werden nicht müde zu betonen, dass alles mit allem verbunden ist, dass keine Wesen, kein Ding und eben auch kein Mensch autonom und unabhängig von allen anderen Dingen, von den kleinsten Partikeln bis in den weitesten Raum, im Universum existieren. Herzen sind auf Beziehung geeicht. Es geht ihnen gut in emotionaler Verbundenheit, in einer Atmosphäre der Freude, Wertschätzung und Leichtigkeit. Paul Pearsall, ein bedeutender amerikanischer Neurokardiologe, hat aufgrund seiner langjährigen Forschung eine Herzmeditation, er nennt sie Kardiokontemplation, entwickelt, welche in hohem Maße die Herzintelligenz fördert und stärkt. Er schreibt dazu: „Die Kardio*kon*templation[33] bedeutet, *mit* dem Herzen die Bedeutung der Welt und unsere Verknüpfung mit diesem Netzwerk zu ergründen. Diese „Spurensuche" ist eher ein spiritueller als ein mentaler Prozess. Die Kardiokontemplation befähigt uns, Informationen für die Seele aus der Energie abzuleiten, die vom Herzen ausgeht. Sie sensibilisiert uns für die feinstoffliche Energie des Lebens und bewirkt, dass wir sie nicht aus der Warte des „Ichs", sondern des „Wir" erfahren. Dabei ist das „Sein" wichtiger als das „Tun".[34] Pearsall betont im Weiteren die zentrale Bedeutung der Stille, um sich auf unser Herz einstimmen zu können. Nur in der Stille können wir uns und unser Herz im gegenwärtigen Augenblick wahrnehmen.

Wenn der Volksmund von einem verschlossenen, kalten, ja gar versteinerten Herzen spricht, dann liegt darin bereits die Antwort, weshalb erwünschte Werte unser Verhalten nicht weiter bestimmen können. Das Herz ist ganz einfach abgeschaltet von seiner zentralen Funktion der Verbundenheit. Nicht zuletzt aus diesem Beweggrund widmet der bekannte und weltweit einflussrei-

---

33 Eine ausführliche Anleitung findet sich im Buch: Gamma, Anna: *schön, wild und weise*, S. 93ff

34 Pearsall, Paul: *Heilung aus dem Herzen*, S. 257

che Zen-Meister Thich Nhat Hanh dem Herzen mehrere Bücher. Er lädt ein, dem eigenen Herzen immer wieder zuzulächeln. Diese Übung ist sehr einfach.[35] Sie kann überall praktiziert werden und ihre Ergebnisse sind großartig. Wir gewinnen inneren Frieden und gleichzeitig entfaltet und weitet sich unser Mitgefühl für alle Wesen.

Einen weiteren interessanten Hinweis zur fehlenden Herzverbindung geben die Neurokardiologen und klären damit auf biologischer Basis ein Weisheitswissen, das in allen spirituellen Traditionen zu finden ist, wenn es heißt: „Denke nach, bevor du sprichst. Der Gedanke manifestiert sich im Wort. Das Wort manifestiert sich in der Tat. Die Tat entwickelt sich zur Gewohnheit. Die Gewohnheit erhärtet sich zum Charakter. Der Charakter gebiert das Schicksal. Darum achte ich sorgfältig auf meine Gedanken und lasse sie aus Liebe entstehen, aus der Achtung aller Lebewesen." Neurokardiologen bestätigen: Das Herz informiert das Gehirn über ein angemessenes, werteorientiertes Verhalten. Das Gehirn hat jedoch immer die Möglichkeit, den Impuls aufzunehmen oder abzulehnen. Deshalb ist es von zentraler Bedeutung, wie wir über uns, die Mitmenschen und die Welt denken.

Nicht nur in der Medizin, auch in allen großen Geistestraditionen wird die zentrale Funktion des Herzens gepriesen. Bereits Laotse, der bedeutende Philosoph im Alten China, pries das Herz, wenn er in seinem berühmten Buch „Tao te king" schrieb:

„Der Berufene hat kein eigenes Herz. Er macht das Herz der Leute zu seinem Herzen. Zu den Guten bin ich gut. Zu den Nichtguten bin ich auch gut; denn das LEBEN ist die Güte. Zu den Treuen bin ich treu, zu den Untreuen bin ich auch treu; denn das LEBEN ist die Treue. Der Berufene lebt in der Welt ganz still und macht sein Herz für die Welt weit. Die Leute alle blicken und horchen nach ihm. Und der Berufene nimmt sie alle an als seine Kinder."[36]

---

35 Eine ausführliche Beschreibung findet sich im Buch des taoistischen Meisters Chia Mantak: *Tao Yoga des Heilens,* S. 23ff

36 Laotse: *Tao te king,* S. 92

Rückkehr zum Weltinnenraum

Neben einer entwickelten Werte-Haltung und einer entfalteten Herzintelligenz beschreiben Mystiker und Mystikerinnen aus Ost und West eine Form der spirituellen Intelligenz, die mehr ist als eine weitere Form. Sie wird als die Quelle der spirituellen Intelligenz gepriesen und zeigt sich in der Erfahrung des grenzenlosen, leeren, raumlosen Raumes, des grundlosen Grundes. Diese Erfahrung ist nicht machbar, sie bleibt immer ein Geschenk und trotzdem können wir ihr durch die Praxis der Stille und der Einkehr sozusagen den Boden dazu bereiten. Einige Beispiele aus der deutschen Mystik mögen dies verdeutlichen:

Angelus Silesius schreibt in einem kurzen, zauberhaften Versmaß, wie wir zu dieser tiefsten Quelle vorstoßen können: „Halt an, wo läufst du hin, der Himmel ist in dir. Suchst du Gott anderswo, du fehlst ihn für und für." Und weiter: „Gott gründt sich ohne Grund und misst sich ohne Maß. Bist du ein Geist mit ihm, Mensch, so verstehe das."[37]

Johannes Tauler wird noch konkreter in seiner Anweisung: „Es ist hilfreich, dass der äußere Mensch in Ruhestellung sei, dass er sitze und schweige und auch äußerlich an seinem Leib keine Unruhe habe. Um dieser Ruhe willen wird Gott euch das Himmelreich geben und sich selber." Was wir durch fleißige Übung erfahren können, beschreibt er wie folgt: „Man soll sinken in den allertiefsten Grund. In dem Grund entsinke in dein Nichts!"[38]

Heinrich Seuse erkennt dieses Nichts als Leere und gleichzeitig absolute, grenzenlose Fülle: „Ein gelassener Mensch sollte alle seine Seelenkräfte so zähmen, dass, wenn er in sich hineinschaut, sich ihm das All zeigt." Die Identität dieses Menschen weitet sich über die Grenzen seines Körpers und seiner Seele in die Weite und Grenzenlosigkeit des Universums. Er hat im wahrsten Sinn des Wortes kosmisches Bewusstsein, denn er ist eins mit dem All geworden.

---

37   Silesius Angelus: *Der Himmel ist in dir,* S.58 und S. 54
38   Döll, Ermin (Hrsg.): *Der Weg der Meister,* S. 7 und S. 264

Und Meister Eckehart, Lehrer von Tauler und Seuse, bringt diese Erfahrung auf den Punkt, wenn er schreibt: „Gott ist überall in der Seele, und sie ist in ihm überall: So ist denn Gott ein All ohne alles, und die Seele mit ihm ein All ohne alles."[39]

Die Weisheit des Ostens kennt eine andere Sprache und nutzt andere Bilder, um den Weg nach innen und die Erfahrung der grenzenlosen Leere und Unendlichkeit zu beschreiben. Der berühmte chinesische Zen-Meister Mumon findet folgende Worte: „Der große WEG ist ohne Tor. Tausend verschiedene Straßen gibt es. Wer nur einmal diese Schranke durchschritt, spaziert in Freiheit im Weltall umher."[40] Und im chinesischen Weisheitsbuch von Laotse, dem „großen Alten", finden wir: „Ohne aus der Tür zu gehen, kennt man die Welt. Ohne aus dem Fenster zu schauen, sieht man den SINN des Himmels. Je weiter einer hinausgeht, desto geringer wird sein Wissen. Darum braucht der Berufene nicht zu gehen und weiß doch alles. Er braucht nicht zu sehen und ist doch klar. Er braucht nicht zu machen und vollendet doch."[41]

Vereinigung als Voraussetzung zur Selbst- und Weltfindung

Pia Gyger und Niklaus Brantschen haben ein Begleitheft zum Lassalle-Institut-Modell geschrieben und in einem Text deutlich gemacht, wie sehr die Evolutiven Prinzipien in der Tiefe verbunden und verankert sind in einer entfalteten spirituellen Intelligenz. Sie sollen hier selbst zu Worte kommen:

„Je tiefer die Einkehr, umso stärker wächst aus der Selbstbegegnung die Kraft der Weltbegegnung und umgekehrt: Je mehr wir uns auf die Welt einlassen, sozusagen „Welt assimilieren" und eins werden mit ihr, umso stärker entfaltet sich das in uns ruhende Potenzial.

Ist der Mensch je neu bereit zur Einkehr und Vereinigung, so entfaltet sich in ihm die Evolution im Sinne Teilhard de Chardins weiter, in Richtung immer

---

39   Döll, Ermin (Hrsg.): *Der Weg der Meister,* S. 208
40   Yamada, Koun: *Mumonkan*, S. 29
41   Laotse: *Tao te king,* S. 47

größerer Personalisation und Sozialisation (Selbsttranszendenz): Der Mensch wird fähiger, sich als eins mit allem Geschaffenen zu erfahren und Mitgefühl und Liebe zu entwickeln. Die in aller Materie wirksame Tendenz nach Selbsttranszendenz scheint im Menschen nämlich in besonders ausgeprägtem Maß vorhanden zu sein, wenn sie in ihrer Entfaltung nicht von außen eingeschränkt wird.

Selbsttranszendenz bedeutet im Einzelnen:
- das Streben nach Selbstregulierung
- das Streben nach Autonomie
- das Streben nach immer größerer Unabhängigkeit von der Konditionierung durch äußere Kräfte.

Mit anderen Worten: Die Evolution tendiert im Menschen nach immer größerer Selbstverwirklichung und sozialer Reife.

Ohne die bewusste Entfaltung der spirituellen Intelligenz ist aber die eben beschriebene Art der Entwicklung nicht möglich. Die Krankheitssymptome unserer Zeit zeigen, dass sich der Mensch nicht „automatisch" in Richtung größerer Personalisation und Sozialisation entfaltet.

Ohne das Erwachen zur Erfahrung der Einheit allen Lebens und ohne die bewusste Entscheidung, dem Leben in allen Formen zu dienen, ist der Mensch durchaus fähig, die ihm zuwachsende personale und soziale Macht egozentriert zu gebrauchen und damit zu missbrauchen.

Menschen, die Selbst- und Weltbegegnung wagen und dazu bewusst den Weg der Einkehr und Vereinigung beschreiten, entfalten ihre spirituelle Intelligenz. Solche Menschen zeichnen sich aus durch folgende Grundhaltungen:

- Sie fühlen sich eins mit allem Leben.
- Sie entwickeln den nötigen Mut und das Durchhaltevermögen, der Einheit des Lebens in ihrem Denken und Handeln zu dienen.
- Sie spüren eine zunehmende Kraft, alte Denkgewohnheiten und Verhaltensweisen loszulassen.

- Sie erfahren eine neue Flexibilität im Umgang mit den Problemen des Alltags.
- Sie werden immer fähiger, in Situationen mit existenziellen Lebensfragen und Nöten das Verbindende und Heilende hinter allen Ereignissen zu spüren, und sind daher immer häufiger zu unerwarteten Lösungsansätzen befähigt.
- Sie spüren eine wachsende, ihrem inneren Entwurf entsprechende Kreativität und haben immer mehr den Mut, ihre Einzigartigkeit zu entfalten.

Die Evolution hat im Menschen die möglichst harmonische Entfaltung von mentaler, emotionaler und spiritueller Intelligenz vorgesehen. Das intellektuelle Denkvermögen kommt umso stärker und kreativer zum Zug, je mehr es in emotionaler Stabilität und sozialer Kompetenz eingebettet ist. Eine wirkliche Weiterentwicklung des Menschen ist aber nur möglich durch bewusste Aktivierung der spirituellen Intelligenz. Nur aus unserer Quelle finden wir umfassende Antworten auf die uns bedrängenden Probleme und Fragen unserer Zeit.“[42]

Anregungen zur persönlichen Reflektion und Übungen

Es gibt in der Zwischenzeit zahlreiche Weiterbildungsangebote zur Entfaltung der verschiedenen Formen der Intelligenz. Darunter fallen alle fachspezifischen (nichthandwerklichen) Kurse, in denen vorwiegend die mentale Intelligenz gefördert wird. In Führungstrainings finden wir auch Angebote zur Persönlichkeitsentwicklung und zur Stärkung der Kommunikations- und Beziehungsfähigkeit. Privatsache bleibt meist immer noch die spirituelle Intelligenz, so, als wäre diese menschliche Begabung wie Wellness abgegrenzt von jedem beruflichen Kontext. Eine einfache, von mir entwickelte Übung ist ein Augenöffner. Sie macht unmittelbar erfahrbar, dass in all unserem Tun die spirituelle Intelligenz unerlässlich mitbeteiligt, ja gefordert ist, wollen wir erfolgreich unterwegs sein.

---

42   Gyger, Pia und Brantschen, Niklaus: *GEIST&Leadership*, S.5f

Meine nächste Herausforderung

Nehmen Sie sich einen Moment Zeit und erlauben Sie sich, die nächste Herausforderung im Beruf- oder Privatleben zu vergegenwärtigen, eine Situation, die Sie beschäftigt, vielleicht sogar belastet. In einem nächsten Schritt schreiben Sie Qualitäten und Fähigkeiten auf ein Blatt Papier (immer nur eine Fähigkeit auf einem Stück Papier), die Sie benötigen, um der Situation erfolgreich gewachsen zu sein. Danach ordnen Sie die Fähigkeiten der mentalen, emotionalen oder spirituellen Intelligenz zu. Sie werden sehen, dass alle drei Formen der Intelligenz nötig sind, damit das Projekt, die Sitzung oder das Gespräch für alle Beteiligten mehr als befriedigend ausfällt. In einem nächsten Schritt wählen Sie aus den drei Intelligenzformen die für Sie wichtigste bzw. stärkendste Fähigkeit. Bilden Sie dazu je eine Affirmation, die mit „Ich bin..." beginnt, wie etwa: Ich bin Gelassenheit (spirituell). Ich bin Ordnung (mental). Ich bin Zuwendung (emotional). Lassen Sie diese Affirmationen wirken und üben Sie damit in der kommenden Zeit. Diese Übung eignet sich auch sehr gut für die Arbeit in Gruppen.

Den Tiger umarmen

Es geht zunächst einmal darum, sich einzugestehen, dass negative Emotionen zum Menschsein gehören und dass wir sie gelegentlich haben. Erinnern Sie sich an Situationen, in denen Sie Aggressionen, negative Gedanken und destruktive Phantasien hatten. Lassen Sie die Erinnerung ganz lebendig werden. Dann sagen Sie sich: „Ich habe Wut", und nachdem Sie die Wut zugelassen haben, sprechen Sie zu sich: „Ich bin mehr als meine Wut." Damit stärken Sie den inneren Raum der Freiheit, der ihnen ermöglicht, sich von Ihren Emotionen zu desidentifizieren. In einen zweiten Schritt können Sie sich die Aggression als Gegenüber, als Teil Ihrer Persönlichkeit vorstellen und beginnen, mit ihr zu sprechen. Stellen Sie dieser Teilpersönlichkeit dann folgende Fragen:

Was willst du? Was brauchst du? Was brauchst du wirklich? Was ist deine Gabe? Bleiben Sie bei den Fragen, bis Sie stimmige Antworten gefunden haben. Die letzte Frage ist zentral. Sie geht davon aus, dass in jedem Teil unserer Persönlichkeit, mögen wir diesen noch so sehr ablehnen oder verurteilen, ein Schatz verborgen liegt, ein lebensbejahender Kern. Je mehr uns dies gelingt, werden wir Meisterin und Meister der Kräfte, die unsere Gefühlswelt bestimmen.

Eine weitere Möglichkeit ist, der Aggression körperlich Ausdruck zu geben, beispielsweise zu joggen oder im Keller zu schreien, bis die Wut verraucht ist. Wichtig ist, dass Sie, wenn Sie inneren Frieden gefunden haben, einen entsprechenden Ausdruck in die Beziehung zurücktragen. Bitten Sie beispielsweise um Verzeihung, wenn Sie verletzt haben.

Ärger gewaltfrei leben

Auf der Suche nach Möglichkeiten, einen konstruktiven Umgang mit meinem Ärger zu finden, bin ich auf die Arbeit von Marshall Rosenberg gestoßen. Seine These, dass die Ursache des Ärgers in unserem Denken liegt, nämlich in den Gedankenmustern von Schuld und Verurteilung, fand ich zunächst ziemlich provokativ[43]. Doch dann begann ich mich auf seine Anweisungen im Umgang mit Ärger einzulassen und war bass erstaunt, wie effektiv die Übung wirkte. Deshalb seien die vier Schritte, um Ärger fair und gewaltfrei zum Ausdruck zu bringen, hier kurz zusammengefasst:

1. Taucht Ärger auf, erlauben Sie sich, innezuhalten und Ihre Achtsamkeit auf den Atem zu lenken. Sie müssen im Moment nichts anderes tun, als zu atmen.

2. In dieser Haltung der inneren Freiheit betrachten Sie Ihre verurteilenden Gedanken und Phantasien zu der ärgerlichen Situation.

3. Dieser Schritt ist für die meisten der schwierigste. Erlauben Sie sich in Kontakt zu treten mit dem unbefriedigten Bedürfnis, das hinter diesen

---

43 Rosenberg, Marshall B.: *Gewaltfreie Kommunikation*, S. 138

Gedanken steht. Wenn dies schwerfällt, können Freundinnen und Freunde uns dabei behilflich sein.

4. Finden Sie einen Weg und stimmige Worte, die unerfüllten Bedürfnisse in der belasteten Beziehung auszusprechen.

Meine Lerngeschichte

Die folgenden Fragen helfen, das persönliche Beziehungsverhalten auszuloten und internalisierten Konfliktlösungsmechanismen auf die Spur zu kommen.

Beschreiben Sie alle Elemente, die aus Ihrer Sicht eine gelingende, erfüllende Beziehung ausmachen. Schreiben Sie danach die Namen Ihrer wichtigsten Beziehungspersonen auf. Welche Geschichte verbindet Sie? Wie denken Sie über diese Beziehung, von welchen Schwierigkeiten ist sie geprägt? Was fehlt in dieser Beziehung und wie könnten Sie für das Fehlende da sein? Was zeichnet diese Beziehung aus?

Wie wurden Konflikte in Ihrer Kindheit (Familie, Freundeskreis und Schule) gelöst? Welche Spuren haben diese Erfahrungen in Ihrem Erwachsenenalter hinterlassen? Welche Konfliktlösungsmechanismen stehen Ihnen heute zur Verfügung? Erkennen Sie Parallelen, Unterschiede?

Der Austausch in Gruppen wird Sie unterstützen, noch klarer zu sehen, wo Sie stehen und welche Entwicklungsschritte vor Ihnen liegen.

Momo und Beppo

Wer kennt ihn nicht, den liebenswürdigen, weisen Straßenkehrer Beppo, einen nahestehenden Freund von Momo im berühmten Buch von Michael Ende. Er sprach nur sehr wenig, und wenn er sprach, verstanden ihn die wenigsten Menschen, außer Momo. Sie beherrschte die Kunst des tiefen Zuhörens: Sie konnte warten und hatte auch nicht den Drang zu belehren. Sie musste auch nicht den Satz des Sprechenden zu Ende bringen, weil dieser vielleicht zu lang nach Worten rang. Sie lebte eine Präsenz, die in der zen-buddhistischen Tradition mit Anfängergeist umschrieben wird. Er ist geprägt von einem offenen, weiten Geist und der Gelassenheit, alles, was ist, vorbehaltlos anzunehmen. Momo wird zur Hüterin dieses Raumes, in dem sich Beppo vertrauensvoll öffnen kann. Eine tiefe Lebensweisheit zeigt sich in der Art und Weise, wie er seine Arbeit vollbringt: „Wenn er die Straßen kehrte, tat er es langsam, aber stetig: bei jedem Schritt einen Atemzug und bei jedem Atemzug einen Besenstrich: Schritt – Atemzug – Besenstrich. Schritt – Atemzug – Besenstrich. Dazwischen blieb er manchmal ein Weilchen stehen und blickte nachdenklich vor sich hin. Und dann ging es wieder weiter – Schritt – Atemzug – Besenstrich."[44] Beppos Arbeitsrhythmus gleicht demjenigen des Herzens, das als einziger Muskel im Körper nie Muskelkater bekommt, ganz einfach, weil es schlägt, Pause macht, schlägt Pause macht. Herzrhythmus und Atemrhythmus sind großartige Lehrmeister für ein gesundes, erfülltes Leben. Wie oft machen Sie Pause, wirklich Pause in Ihrem Alltag? Ich lade Sie ein, das Buch für einen Moment wegzulegen und Ihrem Atemrhythmus zu folgen. Genießen Sie die feine, zarte Atembewegung in Ihrem Körper.

In seiner bedächtigen, langsamen Arbeitsweise kamen Beppo – und er ist damit keineswegs allein – dann oft große Gedanken, die er in einer einfachen Sprache zum Ausdruck bringt: „Manchmal hat man eine sehr lange Straße vor sich. Man denkt, die ist so schrecklich lang; das kann man niemals schaffen, denkt man… Und dann fängt man an, sich zu beeilen. Und man eilt sich immer mehr. Jedes Mal, wenn man aufblickt, sieht man, dass es gar nicht weniger wird, was noch vor einem liegt. Und man strengt sich an, man kriegt es mit der Angst zu tun, und zum Schluss ist man ganz außer Puste und kann nicht mehr. Und die Straße liegt immer noch vor einem. So darf man es nicht machen… Man muss nur an den nächsten Schritt denken, an den nächsten Atemzug, an den nächsten Besenstrich… Dann macht es Freude, das ist wichtig, dann macht man seine Sache gut."[45]

---

44 Ende Michael: *Momo,* S. 42
45 Ebenda, S. 42f

Diese Weisheit erinnert an eine Zen-Geschichte, in der von einer alten Frau die Rede ist, die an einer Weggabelung einen Krämerladen führt. Frommen Pilgern, die nach dem Weg zum heiligen Berg fragen, rät sie: „Einfach immer geradeaus".[46] Beppo und diese alte, namenlose Frau laden uns ein, mit dem Ziel vor Augen nur an den nächsten Schritt zu denken. Dann gewinnen wir Freude in unserem Alltag.

Drei Weisen des Seins
Oder: Die Grundstruktur von Kosmos und Mensch

Eine erstaunliche Kehrtwende fand im letzten Jahrhundert statt, ausgelöst durch die Erkenntnisse in der modernen Physik. Stärkten in den Jahrhunderten zuvor die Begründer der klassischen Physik wie Kepler, Galilei und Newton – sie waren notabene alle tiefgläubige Menschen – durch ihre Forschungsarbeiten das Auseinanderdriften von Naturwissenschaft und Religion, so trugen die Arbeiten von Einstein, Heisenberg, Bohm, Bohr und mit ihnen viele andere Naturwissenschaftler dazu bei, dass sich diese beiden Erkenntnisweisen wieder zueinander hinbewegten. Mit Fritjof Capra und seinem bahnbrechenden Buch, „Das Tao der Physik", das in der Mitte der 70er Jahre erschienen ist, wurde dieser Diskurs auch für eine breitere Leserschaft zugänglich. Die Faszination, die der Dialog zwischen Naturwissenschaftlern und Weisen auslöst, ist zwar etwas abgeflaut, doch noch immer vermag er Menschen zu inspirieren. Beim Lesen der Berichte über diese außergewöhnlichen Begegnungen lässt sich erahnen, in welch wacher und gleichermaßen herzlicher Atmosphäre die Gespräche zwischen Exponenten der verschiedenen Fachrichtungen stattgefunden haben müssen. Und manchmal vereinigten sich in einer Person, wie beispielsweise bei Teilhard de Chardin, die in akribisch wissenschaftlicher Forschungsarbeit gewonnenen Erkenntnisse mit den intuitiven Einsichten mystischer Erfahrung.

Den Auslöser dieser Kehrtwende beschreibt Heisenberg in einer einfachen Metapher: „Der erste Trunk aus dem Becher der Naturwissenschaft macht atheistisch,

---

46   Caplow, Florence und Moon, Susan: *DAS VERBORGENE LICHT*, S. 34

aber auf dem Grund des Bechers wartet GOTT."[47] Und Max Planck tut es ihm gleich, wenn er schreibt: „Wohin und wie weit wir auch blicken mögen, zwischen Religion und Naturwissenschaft finden wir nirgends einen Widerspruch, aber wohl gerade in den entscheidenden Punkten volle Übereinstimmung. Religion und Naturwissenschaft – sie schließen sich nicht aus, wie manche heutzutage glauben oder fürchten, sondern sie ergänzen und bedingen einander."[48] Albert Einstein meint lapidar zum Verhältnis von Wissenschaft und Religion: „Naturwissenschaft ohne Religion ist lahm, Religion ohne Wissenschaft ist blind."[49]

Die grundlegende Übereinstimmung, von der Max Planck, spricht liegt in der Erkenntnis der Grundstruktur allen Seins, nämlich: Alles Seiende ist eins, alles Seiende ist verschieden und alles Seiende ist einzigartig.

Hans-Peter Dürr, ein Schüler von Heisenberg, schreibt zur Ganzheit der Werde-Welt: „In der Quantenphysik gibt es das Teilchen im alten klassischen Sinne nicht mehr, d.h., es existieren im Grunde *keine* (kleinsten) zeitlich mit sich selbst identischen Objekte…Das Primäre ist nicht mehr die reine Materie, die, selbst gestaltlos, den Raum besetzt; es gilt nicht mehr „Wirklichkeit als Realität", sondern im Grunde dominiert die immaterielle Beziehung, reine Verbundenheit, das Dazwischen, die Veränderung, das Prozesshafte, das Werden, eine „Wirklichkeit als Potenzialität"… Mit der Nichtexistenz von lokalisierbaren, abtrennbaren Objekten gibt es keine Möglichkeit mehr, von Teilen im Sinne von Bestandteilen zu sprechen. Die Welt ist ein nicht-auftrennbares Ganzes, ein Nicht-Zweihaftes, eine Adualität, ein Kosmos, der alles mit allem unauflösbar, irreduzibel verbindet…" und er verabschiedet das alte positivistische, mechanistische Weltbild, wenn er schreibt: „Das Naturgeschehen ist also kein mechanistisches Uhrwerk, sondern hat mehr den Charakter einer *fortwährenden kreativen Entfaltung*: „Die Welt ereignet sich in jedem Augenblick neu!"[50]

Diese Erkenntnis bleibt Kopfgeburt, wenn keine Erfahrung damit verbunden werden kann. Und nicht einmal dann besteht eine Garantie, dass eine Einheits-

---

47   Zitiert in: Jäger, Willigis. *Geh den inneren Weg,* S.24
48   Planck, Max: *Naturwissenschaft und Religion,* S. 38
49   Einstein, Albert: *Religion und Wissenschaft,* S. 75
50   Dürr, Hans-Peter: *Auch die Wissenschaft spricht nur in Gleichnissen,* S.27ff

erfahrung, mag sie noch so tiefgreifend und erschütternd sein, unsere Persönlichkeit verändert und unser Verhalten bestimmt. Ein geflügeltes Wort aus der Zen-Tradition bringt diese Tatsache mit folgenden Worten auf den Punkt: „Eine Erleuchtung macht noch keinen Erleuchteten."

All-Ein-Sein

Während die Naturwissenschaftler zur Erkenntnis der Matrix des Universums durch die Erforschung der Außenwelt kamen und den letzten Teilen der Materie im kleinsten Raum des Atoms und in den weitesten Welten des kosmischen Raumes auf der Spur waren, so entdeckten die Mystiker, die Weisen aller Traditionen, die grundlegende Ordnung des Seins durch eine radikale Innenschau. In Gesprächen mit Naturwissenschaftlern und beim Lesen von Texten, in denen sie wie Teilhard de Chardin ihre spirituellen Erfahrungen beschreiben, finden wir Zeugnisse zur Einheit allen Lebens. Stimmen von Menschen aus beiden Disziplinen – Mystik und Naturwissenschaft – sprechen für sich.

Lies Groening hat in den 60er Jahren für mehrere Jahre als einzige Frau in einem Zen-Kloster in Japan gelebt und in einem Buch ihren außergewöhnlichen Weg beschrieben. Da heißt es: „Kurz vor dem Einschlafen, es war sehr still in dem Hause und auch draußen, fiel in der Umgebung des Hauses ein Gegenstand mit Getöse zu Boden. Dieses Geräusch fiel in mich hinein, fiel in eine Offenheit, die nichts war als Offenheit, in deren Tiefe es leuchtete. Dahinter die unermessliche Tiefe des Weltenraumes. Es gab nur dieses eine, den hallenden Ton in der unermesslichen Tiefe der Welt. Ich empfand eine unsagbare Gewalt in der Einmaligkeit und Endgültigkeit dieser Tatsache. Und sekundenlang ein jähes Erkennen: Das ist die Wirklichkeit des Lebens – ein Erschrecken, das über alle Begriffe hinausging… Da traf mich die Erkenntnis: Jenseits von Wollen und Denken, von Gefühl und Empfindung ist die Kraft des Ursprungs. Auch in dir ist Ursprung, eine Kraft, die ist, wie sie ist, ohne Anfang und Ende, unwandelbar, unpersönlich. Eins sein mit dieser Kraft des Ursprungs: Das ist Zen."[51]

---

51   Groening, Lies: *Die lautlose Stimme der einen Hand*, S. 71ff

Das zweite Beispiel stammt vom Astrophysiker Arnold Benz. Nach einem intensiven Arbeitstag in einem astronomischen Forschungszentrum im amerikanischen Bundesstaat New Mexico, in dem er Daten des weltgrößten Radioteleskops scheinbar ergebnislos gelesen hat, wandert er auf einen Berg. Dort angekommen ergreift ihn eine Erfahrung, die wie bei Lies Groening jenseits von allem Wollen und Denken ist: „Ich komme zum Gipfel, gespannt darauf, die andere Seite zu sehen und vielleicht eine andere Sicht zu erleben.

Das Zentrum der Milchstraße liegt etwas unter dem Schwan und ist bereits untergegangen. Die zweihundert Milliarden Sterne unserer Galaxie drehen sich um dieses Zentrum wie auf einem Karussell. Ich glaube zu fühlen, wie ich zusammen mit dem Sonnensystem und den Nachbarsternen mit der rasenden Geschwindigkeit von über zweihundert Kilometer pro Sekunde gegen Westen genau auf diesen Schwan zufliege.

Zweihundertvierzig Millionen Jahre braucht die Sonne für einen Umlauf in der Milchstraße, für ein „galaktisches" Jahr... Das Karussell beginnt sich zu drehen. Jahrzehnte, meine Lebenszeit und zukünftige Jahrhunderte fliegen dahin... Bunte Gasnebel tauchen auf und werden zu Sternhaufen. Es ist ein einziges Kommen und Gehen... Die Milchstraße selbst verändert sich. Ihre Spiralstruktur mit den beiden Hauptarmen öffnet sich... Ich fühle mich in den Strudel hineingerissen und werde ein Teil der gewaltigen Dynamik... Ich bin klein gegen diese stellaren Riesen und gleichzeitig groß in meinem Geist, dem dieses Schauspiel bewusst wird. Aber die Größe spielt eigentlich gar keine Rolle mehr, denn ich bin eins mit dem Universum. Für einen Augenblick spüre ich die Grenze meiner Person fallen; der Intellekt, der den ganzen Tag im selben Hirnwinkel verbrachte, scheint sich grenzenlos auszuweiten... Für einen Augenblick trennen mich keine objektivierende Distanz und kein Erklärungsdrang vom Ganzen."[52]

Wenn auch Naturwissenschaftler sich öffentlich zu solchen Erfahrungen bekennen und im Nachgang das Erlebnis auch zu deuten versuchen, unterstützen sie die Akzeptanz von mystischen Erfahrungen im öffentlichen Raum. Im Osten

---

52 Benz, Arnold: *Die Zukunft des Universums*, S. 17ff

haben es solche Berichte nicht so schwer, denn die buddhistische Psychologie benennt verschiedene Ebenen des menschlichen Bewusstseins und dazu gehört eben auch die Erfahrung der grenzenlosen Einheit.

„Nach der buddhistischen Psychologie gibt es verschiedene Ebenen des Bewusstseins. Unterhalb der sechs Sinne ist die siebte Bewusstseinsebene. Sie wird Bewusstsein der Übermittlung und der konstanten Ichwahrnehmung genannt. Darunter ist die achte Stufe, im Sanskrit alaya-vijnana genannt. Das ist das Lagerhaus aller Bewusstseinserfahrungen. Alle Erfahrungen und Eindrücke der sechs Sinne werden durch die siebte Bewusstseinsschicht in die achte übermittelt und dort gelagert. Unterhalb der achten dehnt sich der weite Ozean des neunten Bewusstseins grenzenlos aus. Das wird das Bewusstsein der reinen und klaren Wesensnatur genannt. Das ist nichts anderes als unser uranfängliches Angesicht. Es ist die Innenseite des ganzen Universums. Dieses neunte Bewusstsein, der grenzenlose Bewusstseinsozean, der uns allen gemeinsam ist, kann von den sechs Sinnen nicht wahrgenommen werden. Es kann nicht mit Ideen und Konzepten dargestellt, nicht gedanklich verstanden werden. Nur durch die Erfahrung der Erleuchtung bzw. Selbst-Verwirklichung kann es begriffen werden." [53]

Tanz der Phänomene

Alles Seiende als Verschiedenheit anzuerkennen ist uns so selbstverständlich wie Essen und Trinken. Jeden Tag zeigt sich uns dasselbe Schauspiel von Neuem. Wenn wir am Morgen die Augen öffnen, so erscheint uns die Welt in ihrer großen Vielfalt. In der westlichen Welt wird in der heutigen Zeit der Schwerpunkt in die Kultivierung der Verschiedenheit gelegt auf Kosten der Pflege der Einheit bzw. der Gemeinschaft. Ein Beispiel dafür ist die stetige Zunahme von Singlehaushalten in unseren Großstädten. Diese Entwicklung ist genährt von der Angst, in der Fürsorge und Verbindlichkeit der Gemeinschaft Eigenständigkeit, Freiheit und Autonomie zu verlieren. Dies ist ein schwerwiegender Trugschluss, denn Verschiedenheit bedeutet nicht Einzigartigkeit. Die tiefsitzende, uns allen

---

53 Yamada, Koun: *Mumonkan,* S. 84f

gemeinsame Sehnsucht, als einzigartiger Mensch erkannt zu werden, kann nur in einer vertrauensvollen Beziehung gestillt werden. Die zweite ebenso archetypische Sehnsucht besteht im Bedürfnis der Zugehörigkeit, der Beheimatung an einem Ort und bei seelenverwandten Menschen.

Ein Ausweg aus diesem Dilemma ist die Erfahrung der Verschiedenheit in der Einheit, des „Ich-Wir." Mystiker aller Provenienz sind sich einig: Wer nicht in die Falle der Trennung und der damit verbundenen Einsamkeit fallen will, die aus der unverbundenen Verschiedenheit resultieren, suche zunächst die Erfahrung der Einheit aller Dinge. Dazu noch einmal ein Text des Zen-Meisters Yamada Roshi: „Jedes Ding in dieser Welt hat zwei Aspekte, einen wesenhaften (essentiellen) und einen sinnlich wahrnehmbaren (phänomenalen). Vom ersten Blickpunkt her ist alles leer, hat weder Form noch Farbe, noch Gewicht oder Größe. Deshalb sind von daher alle Dinge gleich. Vom anderen Blickwinkel her ist jedes Ding das einzige Ding im ganzen Universum und hat Form, Farbe, Gewicht und Größe. Von daher gesehen sind alle Dinge absolut verschieden. Dies alles gilt auch für Lebewesen. Auch wir Menschen haben diese beiden Aspekte, einen wesenhaften und einen phänomenalen. Absolute Gleichheit und absolute Verschiedenheit sind Aspekte ein und desselben Seienden.

Am wichtigsten ist jedoch, dass beide Aspekte wesenhaft eins sind."[54]

Wer diese Erfahrung kennt und immer wieder Zugang dazu hat, der verliert Angst und Widerstand vor allem Fremden, Andersartigen und Unbekannten. Wir erkennen in der Verschiedenheit vielmehr das Potenzial der Ergänzung. Diese Haltung macht neugierig, Menschen anderer Kulturen und Rassen kennen zu lernen und ihre Sicht des Menschseins und der Welt zu verstehen. Und wir begreifen von innen her, dass jedes Ding, jede Blume, jeder Baum, jedes Tier und auch jeder Mensch einmalig und einzigartig ist.

---

54 Yamada, Koun: *Mumonkan.* 2011, S. 227

Von der Würde zu sein

In einzigartiger Weise haben Niklaus Brantschen und Pia Gyger die Erfahrung der Einzigartigkeit beschrieben. Dem ist nichts mehr hinzuzufügen, auch nichts zu streichen:

„Einzigartigkeit ist mehr als Verschiedenheit. Auf der Ebene des selbstreflektiven Bewusstseins, also auf der Ebene des Menschen, macht die Verschiedenheit unsere Individualität aus: Petra hat schwarze Haare, Judith ist blond. Hans ist groß und stark, Erwin ist klein und zierlich. Die Verschiedenheit von Mensch zu Mensch, von den körperlichen Unterschieden bis zu den Charaktereigenschaften, prägt die Individualität eines Menschen. Einzigartigkeit ist jedoch mehr als Individualität. Auf der Entwicklungsebene des Menschen wird Einzigartigkeit mit „personal» umschrieben.

Das Individuelle beinhaltet also die Verschiedenheit von Mensch zu Mensch, das Personale jedoch bedeutet, im Tiefsten sich selbst zu sein (Teilhard de Chardin). Das Personale macht die Einzigartigkeit des Menschen aus.

Wie die Erfahrung der Einheit allen Lebens und die Erfahrung der Einheit in Verschiedenheit ist auch die Erfahrung der Einzigartigkeit Frucht sowohl spirituellen Übens wie auch neuester, naturwissenschaftlicher Forschungen.

Die Gründerväter des holographischen Weltbildes, der Quantenphysiker David Bohm und der Neurophysiologe Karl Primbran, gelangten unabhängig voneinander zur Erkenntnis, dass der Grundstoff aller Wirklichkeit von holographischer Beschaffenheit ist: Jedes Phänomen, vom Unendlich-Kleinen bis zum Unendlich-Großen trägt das Ganze in sich und ist somit ein einmaliger Ausdruck des Universums.

Ähnliches zeigen die Resultate der Gehirnforschung. Jeder Mensch ist mit Millionen von Zellen und Nervenverbindungen im Gehirn ausgestattet. Physiologisch sind die Gehirnfunktionen von Mensch zu Mensch gleich aufgebaut. Wie aber die einzelnen Nervenbahnen und Zellen verknüpft sind, ist von Mensch zu Mensch verschieden, je nach Informationsgehalt, sensorischen und emotionalen Assoziationen, die damit verbunden sind. Die spirituelle Intelligenz des Menschen wirkt als integrierende Kraft, die alles auf personale, das heißt diesem einmaligen Menschen entsprechende Art, verbindet und transformiert. Jedes Gehirn ist somit ein Unikat.

Diese Erkenntnisse aus dem Bereich der Naturwissenschaften wurden den Weisen der verschiedenen Religionen auf dem Weg der Erfahrung zuteil und mit großer Ergriffenheit ausgedrückt.

So ist etwa im Zen-Buddhismus die Erfahrung der Einzigartigkeit ein höheres Ziel als die Erfahrung von Einheit und von Einheit in Verschiedenheit. Die Erfahrung der Einzigartigkeit bedeutet das Transzendieren von Einheit und Verschiedenheit.

In dem bekannten Zen-Koan „Guteis Finger» aus der Sammlung Mumonkan steckt der Meister Tenryû einen Finger hoch, als er nach dem Wege der Erleuchtung gefragt wird. Yamada Kôun Roshi kommentiert diese Episode folgendermaßen: „In der absoluten Welt … gilt die Logik von „Eins ist alles. Alles ist eins." Wenn Tenryû einen Finger hochstreckt, ist dieser eine Finger das ganze Universum. Heben wir einen Finger, gibt es im ganzen Universum nichts als diesen Finger… Als Guteis den Tenryû einen Finger hochheben sah, erfuhr er in letzter Klarheit, dass dieser eine Finger und das ganze Universum eins sind. Da gibt es nichts mehr, was übrig oder außerhalb bliebe. Das ist Erleuchtung.»[55]

Die Erfahrung der Einzigartigkeit jedes Phänomens ist nicht einfach. Doch gerade auf der Ebene des Personalen, auf der Ebene des Menschen, ist das immer tiefere Angerührtsein von der Einzigartigkeit jedes Menschen Voraussetzung, den Menschen mit dem ihnen gebührenden Respekt zu begegnen. Und je tiefer dieses Angerührtsein in uns wächst, umso selbstverständlicher wissen wir um die Würde jedes Menschen. Jeder und jede ist einzigartig, ein einmaliger Ausdruck des Universums.[56]

55   Yamada, Koun: *Mumonkan,* S. 44
56   Gyger, Pia und Brantschen, Niklaus: *GEIST&Leadership,* S. 11f

Die Schwierigkeit mit dem „Ich"

Ich habe mich in den vergangenen Jahren immer wieder gefragt, weshalb wir es dermaßen schwer haben, die Grundstruktur des Seins selbstverständlich in unserem persönlichen Leben und in unseren Organisationen zu verwirklichen. Dabei bin ich auf verschiedene Antworten gestoßen, die den mentalen Geist etwas befriedigen, denn sie erklären die Schwierigkeit auf einer intellektuellen Ebene. Ich werde hier nicht auf die bedeutenden Ergebnisse der Entwicklungspsychologie noch jener der Ich-Psychologie eingehen, sondern werde mich auf die Arbeit von Jean Gebser beschränken.

In jedem Menschen ist eine Dynamik wirksam, die durchdrungen ist von einer Kraft, die in der 15-Milliarden-Jahre-Geschichte der Entstehung und Entwicklung schon immer wirksam war und immer sein wird, nämlich der Drang, zu wachsen und sich weiterzuentwickeln. Jean Gebser[57] hat in einer jahrelangen Forschungsarbeit diese Triebkraft der Evolution in der Menschheitsgeschichte untersucht. Zunächst sammelte er Kunstgegenstände aus allen Kulturen und allen Zeitepochen. In einem zweiten Schritt systematisierte er Bilder und Skulpturen unter dem Aspekt der Selbst- und Weltwahrnehmung der Kunstschaffenden. Er fand fünf sich wesentlich unterscheidende Bewusstseinsebenen und nannte sie: archaisch, magisch, mythisch, mental und integral. Über die archaische, früheste Bewusstseinsstruktur ist wenig bekannt, da keine kulturellen Zeugnisse zu finden sind. Sie kann allein über pränatale Rückführungen und meditative Zustände erahnt werden. Der Mensch in dieser Phase ist traumlos, ichlos und unterscheidet sich nicht vom All. In der magischen Struktur löst sich der Mensch langsam aus der Ganzheit. Die Welt wird zum schemenhaften Gegenüber. Damit verliert der Mensch an Sicherheit. Die Natur mit ihren Kräften wird bedrohlich. Er ist immer noch ichlos, das „Wir" der Gemeinschaft ist von zentraler Bedeutung. Gemeinschaftstiftende Rituale werden entwickelt. Das Erwachen der Seele und die Geburt des Ich finden in der nächsten, der mythischen Phase statt. Mythen und Märchen berichten von Heldentaten, in denen der Noch-nicht-Held, meist ein schwacher, ausgestoße-

---

57   Gebser, Jean: *Ursprung und Gegenwart,* 1978

ner Mensch der Gesellschaft, mehrmals geprüft wird und so zu einer außerordentlichen Persönlichkeit reift. Der Mensch beginnt in dieser Zeit die Welt, zweidimensional wahrzunehmen. Noch fehlt das Bewusstsein für die Tiefe, die Dreidimensionaliät, eine Errungenschaft der mentalen Struktur. Hier gewinnt das logisch-rationale Denken an Dominanz. Für Gebser wird der Übergang in diese Struktur zu einem „außerordentlichen Geschehen, das buchstäblich die Welt erschütterte. Mit diesem Ereignis wird der bewahrende Kreis der Seele, die Eingeordnetheit des Menschen in die seelische, natur-kosmisch-zeithafte polare Welt des Eingeschlossenseins gesprengt: der Ring zerreißt, der Mensch tritt aus der Fläche hinaus in den Raum."[58] Der Mensch erlebt sich immer mehr getrennt von der Mitwelt. Sie wird für ihn zum Objekt. Real ist allein, was gezählt, gemessen und gewogen werden kann. Das „Ich" wird zur absoluten Instanz, das „Wir" tritt in den Hintergrund. Diese Entwicklung hat uns großartige Errungenschaften beschert: Entstehung von Demokratien, Mobilität, Bildungsmöglichkeiten auch für Frauen, medizinische Fortschritte und vieles mehr. Heute müssen wir jedoch erkennen, dass dieser Zugewinn an Freiheit auch seinen Preis hat. Die Liste ist lang: Die primär egoistische, egozentrische Bedürfnisbefriedigung lässt die Solidarität mit den Schwachen in der Gesellschaft und auf Staatenebene schwinden. Ein weiteres Symptom ist die bedenkenlose Ausbeutung der Ressourcen der Erde auf Kosten armer Länder und kommender Generationen. Die Armut nimmt auch in unseren Breitengraden wieder zu. Doch eine Bewegung lässt aufhorchen: Wir sind in einer Zeit angekommen, in der immer mehr „Verlierer" dieser verhängnisvollen Entwicklung beginnen, aufzustehen und sich zu wehren.

Wir dürfen hoffen, dass die Menschheit einen Ausweg aus dieser desolaten Situation findet. Denn Jean Gebser hat im letzten Jahrhundert insbesondere bei Malern wie Picasso das Auftauchen einer neuen, integralen Bewusstseinsstruktur beobachtet. Sie ist gekennzeichnet durch Aperspektivität. So werden beispielsweise Gesichter von allen Seiten porträtiert. Die Menschen werden sich der Ganzheit bewusst, die uranfänglich im Unbewussten schlummerte. So ist das Besondere dieser Struktur gekennzeichnet, dass sie alle vorangehenden Strukturen zu einem Ganzen integriert. Neben dem logisch-rationalen Erfassen

---

58 Ebenda: S. 128

der Welt bildet sich die Möglichkeit des arationalen, nicht-linearen Denkens heraus. Das vereinzelte, vereinsamte Ich findet sich wieder im „Ich-Wir".

Anregungen zur persönlichen Reflektion und Übungen

Es bedarf einer gleichwertig entfalteten, mentalen, emotionalen und spirituellen Intelligenz, um die Welt in ihrer Vernetzung, d.h. in ihrer Einheit zu erfahren, sie in ihrer Vielfalt bzw. Komplexität zu bejahen und in ihrer Würde, sprich Einzigartigkeit, zu achten.

Integrales Problemlösungstool

Die drei Weisen des Seins haben ein außerordentliches Potenzial, das beim Erkennen und Lösen von Spannungen und Schwierigkeiten in Familien, Freundschaftsgruppen und Arbeitsteams und auch in ganzen Unternehmen hilfreich eingesetzt werden kann. Gruppen und Gemeinschaften haben im Zusammenleben und Zusammenarbeiten dann am wenigsten Reibungsverlust, wenn die drei Weisen des Seins gleichmäßig berücksichtigt sind. Es ist klärend und wegweisend, in Konfliktsituationen nachzuforschen, wie es um das Gleichgewicht von Einheit, Verschiedenheit und Einzigartigkeit steht. Wird ein Element vernachlässigt, während ein anderes dominant vertreten ist, dann zeigt auch hier die Weisung: „Nicht gegen das Fehlende zu kämpfen, sondern für das Fehlende da zu sein"[59] die Richtung an. Einheit wird gefördert durch gemeinsam geteilte Werte. Sie wird gepflegt in Ritualen wie Feste feiern, Essen in Gemeinschaft, Gemeinschaftssport und gemeinsames Singen und Musizieren. Einheit wird durch verschiedene Faktoren geschwächt, ja gar sabotiert: durch ungeklärte Konflikte; durch Geschwätz über nicht anwesende Personen, Informationen, die meist in Form von Abwertungen auf Umwegen dann doch zur betreffenden Person finden; durch eine Opferhaltung und insbesondere durch Vorurteile, die sich in Feindlichkeit verfestigen, werden sie nicht aufgelöst.

---

59   Moor, Paul: Moor, Paul: *Heilpädagogik*, S.317

Einheit in Verschiedenheit wird dann in Gruppen lebendig, wenn in der Dialogkultur darauf geachtet wird, dass alle Anwesenden oder Beteiligten eine Stimme haben, dass Augenhöhe in der Begegnung gepflegt und erkannt wird, dass Verschiedenheit zwar auch immer Mühsal bedeutet[60], aber ebenso Quelle von gegenseitiger Bereicherung sein kann.

Einzigartiger Ausdruck des Universums

Naturwissenschaftler und Mystiker werden nicht müde zu betonen, dass jedes einzelne Ding, ohne Unterschied von Galaxie, Stern, Stein, Tier oder Mensch, einzigartig und einmalig im Universum ist und dass in allem die Kraft des Ursprungs wirksam ist. So dürfen wir uns selbst, ohne in die Falle des falschen Stolzes oder der Überheblichkeit zu geraten, als einzigartigen Ausdruck des Universums erkennen und bejahen. Dadurch vertieft sich die Erfahrung der Einzigartigkeit unseres Seins. Wir gewinnen an gesunder Selbstkompetenz, wenn wir uns immer wieder an diese Tatsache erinnern und uns selbst zusprechen: „Ich bin ein einzigartiger Ausdruck des Universums. In mir ist die Kraft des Ursprungs lebendig." Damit stärken wir eine Identität, die uns in keiner Weise einschränkt und auch in Schwierigkeiten und durch Notsituationen trägt. Sie fördert zudem ein Bewusstsein, das heute vielleicht wie noch nie in der Menschheitsgeschichte not-wendend ist. Denn wer sich selbst als einzigartigen Ausdruck im Universum erkennt, weiß, dass auch jeder andere Mensch und jedes Wesen auf unserem Planeten, so wie wir, einzigartiger Ausdruck des Universums ist. Und dieses Wissen wandelt sich mit der Zeit zu einem Bedürfnis, die Kostbarkeit der Einzigartigkeit jedes Einzelnen durch Wertschätzung zu würdigen.

Das Geheimnis der Wertschätzung

Wertschätzung ist ein wesenhafter Ausdruck der Liebe. Es ist erkennende Liebe in erster Linie zu sich selbst, aber auch für andere Menschen und Wesenheiten. Denn wer sich nicht selbst liebt, kann auf die Dauer auch nicht in der Haltung

---

60   Siehe Evolutives Prinzip der Mühsal.

der Wertschätzung anderer Menschen begegnen. Authentische Wertschätzung hat zwei geheimnisvolle Auswirkungen. Einerseits kehrt sie in mehrfacher Weise zum Sender zurück. Sie hat die Tendenz, sich zu vermehren, als hätte sie selbst Freude daran. Die zweite geheimnisvolle Wirkung liegt darin, dass die Würdigung der Verschiedenheit den Raum zwischen den Personen öffnet, der in der Atmosphäre von gegenseitigem Erkennen der Einzigartigkeit schwingt.

In meiner Beratungstätigkeit höre ich gelegentlich, dass im Team Personen sind, denen man nur schwerlich Wertschätzung entgegenbringen kann. Ihnen rate ich, dass sie mit Äußerlichkeiten beginnen, wie z.B. den neuen Haarschnitt loben, die Farbe der Krawatte oder auch der Bluse. Wir werden allermeist Freude ernten. So einfach kann es sein.

Drei Ebenen des Handelns
Oder: Mitschöpfer Mensch

„Seid fruchtbar und vermehret euch, bevölkert die Erde, unterwerft sie euch…"[61] So heißt es in der jüdisch-christlichen Schöpfungsgeschichte. Wir haben diesen göttlichen Auftrag mehr als ernst genommen. Die Weltbevölkerung nimmt stetig zu. Sie hat sich seit 1950 mehr als verdreifacht. Und in der westlichen Welt lebt eine breite Bevölkerungsschicht in einem bisher noch nie dagewesenen Wohlstand. Gleichzeitig wächst die Zahl der Menschen, die unter dem Existenzminimum leben, den sogenannten Working Poor. Und noch eine Zahl stimmt nachdenklich. Das Bundesamt für Statistik der Schweiz hält fest: „Mehr als dreimal die Erde wäre erforderlich, wenn alle wie die Schweizer Bevölkerung leben würden. Das Ungleichgewicht zwischen dem ökologischen Fußabdruck der Schweiz und der weltweiten Biokapazität besteht schon seit Jahrzehnten und nimmt stetig zu. Dieser Konsum ist nur dank des Imports von natürlichen Ressourcen und der Übernutzung der globalen Güter (wie Atmosphäre) möglich. Da die Schweiz jedoch 3,3-mal mehr Umweltleistungen und -ressourcen konsumiert als global verfügbar sind (1,7 gha pro Person), ist ihr Konsum nicht

---

61   Die Bibel, S. 5

nachhaltig. Wir leben somit auf Kosten künftiger Generationen und anderer Erdteile."[62] Die Ausbeutung der Ressourcen beschränkt sich nicht nur auf die Erde und ihre Atmosphäre, sondern betrifft auch den einzelnen Menschen. Immer häufiger treten Stresssymptome bereits bei jungen Menschen auf. Diese Entwicklung ist nicht allein auf äußere Faktoren wie hohen Zeitdruck und unsicheren Arbeitsplatz zurückzuführen. Wir haben die Haltung von immer schneller, immer größer, immer wohlhabender... internalisiert und geben uns nun selbst innerlich diesen Takt vor. So leben die meisten von uns über unsere körperlichen Grenzen und lassen zu, dass wir ausgebeutet werden. Deshalb ist es so wichtig, dass wir das Handeln auf der Mikroebene immer wieder überprüfen und nicht erst dann, wenn die körperlichen und seelischen Schmerzen unerträglich geworden sind und wir den Arzt aufsuchen müssen.

Mens sana in corpore sano
Oder: Handeln auf der Mikroebene

Auch hier gilt: Eine ganzheitlich entfaltete Intelligenz lässt uns unmittelbar und selbstverständlich erkennen, dass die verschiedenen Ebenen des Handelns – die persönliche (Mikro-) Ebene, die instutionelle (Meso-) Ebene und die global-kosmische (Makro-) Ebene untrennbar miteinander verbunden sind. Das Handeln auf der Mikro-Ebene beeinflusst die Entwicklungen auf der Meso- und Makro-Ebene und umgekehrt.

Kehren wir noch einmal zurück zur großen Gefahr der Ausbeutungskultur in unseren Breitengraden. Es zahlt sich aus, zunächst einmal zu überprüfen, ob wir in Gedanken an unseren Körper noch im positivistischen Paradigma verhaftet sind, welches uns vorgibt, dass der menschliche Körper eine perfekte Maschine ist, die gelegentlich gewartet werden muss und bei Betriebsschwierigkeiten, sprich Krankheitssymptomen, durch einen Spezialisten, der die notwendigen Mittel kennt, schnell wiederhergestellt werden kann. Die komplementäre Sicht erkennt den Körper als lebendigen Organismus mit seiner

---

62 http://www.bfs.admin.ch/bfs/portal/de/index/themen/21/03/01.html

eigenen Weisheit. Schon allein, wie wir über unseren Körper denken, wirkt sich auf den Umgang mit ihm aus. Es hat sich in der letzten Zeit gezeigt, dass mehrere Stunden pro Woche, die im Fitnessstudio verbracht werden, uns nicht unbedingt vor einer Erschöpfungsdepression oder gar Burnout bewahren. Wir brauchen, wollen wir gesund werden oder bleiben, einen achtsamen Umgang mit unserem Körper, seinen Signalen der Überforderung, der Müdigkeit, aber auch der Inspiration und Freude. Jon Kabat-Zinn, ein inzwischen weltberühmt gewordener Medizinprofessor und Meditationslehrer, hat mit seinem Programm „Stressbewältigung durch die Praxis der Achtsamkeit" viele Menschen auf den Weg gebracht. Einfache Übungen der achtsamen Körperwahrnehmung helfen, Selbstheilungskräfte zu mobilisieren und Lebensfreude wiederzugewinnen. Nicht von ungefähr heißt ein geflügeltes Wort: mens sana in corpore sano – ein gesunder Geist lebt in einem gesunden Körper. Stimmen wir uns, ohne etwas Bestimmtes erreichen zu wollen, auf unseren Körper ein, kommen wir gleichzeitig in Berührung mit dem Rhythmus des Lebens, der unseren Körper am Leben erhält.[63]

Der achtsame Umgang mit dem eigenen Körper fördert die Kompetenz, mit kraftvoller Selbstkompetenz auf der Mikro-Ebene zu handeln. Sie wird weiter gestärkt durch den achtsamen Umgang mit den eigenen Gedanken und Gefühlen. Wir sind ihnen nicht einfach ausgeliefert. Die entfaltete intrapersonale Intelligenz gibt uns die Macht, sie zu steuern und zu transformieren. Der renommierte Philosoph und Bewusstseinsforscher Ervin Laszlo schreibt mahnend in seinem Buch über die kosmische Kreativität, wie weit unsere Gedanken und damit unsere Verantwortung reichen: „In dem neuen Paradigma ist unser Gehirn nicht nur ein Fenster zum Universum; es erscheint auch als Teil des Organismus und daher als Informationssender in das Universum hinein. Durch die subtilen Wellenvorgänge im Quantenfeld vermittelt, fließt die Information zwischen dem Gehirn und dem übrigen Universum in beide Richtungen. Gedanken, Bilder, Gefühle und Intuition, die in unser Bewusstsein treten, finden ihre Entsprechung in den elektrochemischen Aktivitäten unserer neuronalen Netzwerke. Unsere flüchtigsten Gedanken und unbestimmtesten Intuitionen bleiben in verschlüsselter Form im kosmischen Vakuum erhalten.

---

63 Kabat-Zinn, Jon: *Gesund durch Meditation,* S. 83

Unter den Voraussetzungen des gegenseitigen Austausches von Informationen zwischen menschlichen Gehirnen und der Welt sind die Gedanken und Wahrnehmungen einer Person für die Umgebung einschließlich anderer Menschen unmittelbar bedeutsam. Weil nämlich das Gehirn in veränderten Zuständen feine individuelle Unterschiede der Quantenfeld-Muster nicht zu trennen vermag, kann der Gehirnzustand eines Individuums innerhalb einer gewissen Variationsbreite von einem anderen gelesen werden. Dies bedingt eine neue Dimension der Verantwortlichkeit menschlicher Wesen: Was wir denken und fühlen kann unsere Mitwesen beeinflussen, und zwar nicht nur diejenigen, die uns hier und jetzt nahestehen, sondern auch diejenigen an entfernten Orten und in kommenden Generationen." [64]

Die goldene Regel
Oder: Handeln auf der Meso-Ebene

Der Handlungsraum der Meso-Ebene umfasst die unmittelbare Beziehungsebene, das „Wir" einer Zweierbeziehung, in einer Familie, im Freundeskreis, in der Arbeitswelt, der Nation und auf dem Kontinent. In der Reflexion des Handelns auf dieser Ebene werden wir immer auch konfrontiert mit Fragen der Ethik. In allen Kulturen treffen wir die sogenannte goldene Regel an, die in etwa lautet: „Was du nicht willst, was man dir tut, das füg auch keinem anderen zu." Dieser kurze, prägnante Satz erinnert in seiner Schlichtheit an einen weiteren, der bereits im Alten Testament bei Levitikus (Lev. 19.18b) steht und von Jesus mehrfach zitiert wurde: „Liebe deinen Nächsten wie dich selbst". Für beide Anweisungen gilt: Das Wohl der eigenen Person wird nicht nur zum Maßstab im Umgang mit anderen Menschen, es steht auch in engem Zusammenhang mit dem Wohlbefinden anderer. Besonders deutlich wird dies, wenn es um die Frage des Verzeihens und Vergebens geht. Im täglichen Zusammenleben in der Familie, am Arbeitsplatz oder im Zusammensein mit Freunden geschieht es immer wieder, dass wir verletzen oder verletzt werden. Wir werden zum Opfer und/oder zum Täter. In meiner Kindheit habe ich die Bitte um Verzeihen und

---

64 Laszlo, Ervin: *Kosmische Kreativität*, S. 283

Vergeben als moralischen Zeigefinger verstanden, als Hinweis dafür, wie ich ein liebes und braves Kind werden kann. Erst in meinem erwachsenen Alter habe ich erfahren, dass die Fähigkeit, diese Bitte auszusprechen, ein bewährtes Mittel für die seelische Hygiene ist. Bleiben wir in der Verletzung oder in der Erfahrung von Schuld hängen, sind wir weit entfernt vom inneren Frieden, finden keine Ruhe, auch keine wirkliche Lebensfreude.

Die goldene Regel faltete sich über die Jahrtausende in verschiedenen moralischen Prinzipien und ethischen Leitlinien aus. In der letzten Dekade des letzten Jahrhunderts sind zwei weitere bemerkenswerte Arbeiten dazugekommen. Die eine stammt von Hans Küng und mehr als hundert Personen aus allen größeren Religionen, die an der Endfassung beteiligt waren. Die zweite Arbeit leistete Don Beck in Zusammenarbeit mit seinem Mitarbeiter Christopher Cowan.

1992 wurde Hans Küng vom vorbereitenden Rat des Weltparlamentes der Religionen, das ein Jahr später in Chicago tagte, beauftragt, eine Erklärung für eine globale Ethik zu verfassen. In Erinnerung an das Parlament der Weltreligionen, das 100 Jahre zuvor erstmals einberufen worden war, und in der Überzeugung, dass keine neue Weltordnung geschaffen werden kann ohne die Grundlage eines verbindlichen Weltethos, sollte ein von allen Kulturen und Religionen getragener, ethischer Grundkonsens erarbeitet und im Weltparlament verabschiedet werden. Das Weltethos umfasst schließlich vier unverrückbare Weisungen[65]:

1. Verpflichtung auf eine Kultur der Gewaltlosigkeit und der Ehrfurcht vor allem Leben
2. Verpflichtung auf eine Kultur der Solidarität und eine gerechtere Wirtschaftsordnung
3. Verpflichtung auf eine Kultur der Toleranz und ein Leben in Wahrhaftigkeit
4. Verpflichtung auf eine Kultur der Gleichberechtigung und die Partnerschaft von Mann und Frau

---

65 Küng, Hans und Kuschel, Karl-Josef (Hrsg.): *Erklärung zum Weltethos.*

Man mag über diese Arbeit urteilen, wie man will. Sie war und bleibt wichtig, auch als Beitrag, einen Dialog über alle Grenzen von Kultur und Religion hinweg zu führen.

Beck und Cowan wählten einen anderen Weg. Sie nannten ihr Konzept „Spiral Dynamics", Landkarte und Wegweiser im Dickicht globaler Komplexität. Aufbauend auf der Forschungsarbeit von Clare W. Graves entwarfen sie eine Theorie der Wertesysteme, die in menschlichen Gemeinschaften und Organisationen wirksam sind. Sie identifizieren insgesamt acht verschiedene Ebenen, die sie in Anlehnung an die in der DNA enthaltenen Gene als MEME der psychosozialen DNA bezeichnen. Meme stellen eine bestimmte Weltsicht dar, die das Denken und Handeln der Menschen bestimmen. Spiral Dynamics wird insbesondere dann zum hilfreichen Instrument, wenn Veränderungsprozesse anstehen oder wir bereits mitten drinstecken. Sie helfen, komplexe Entwicklungen zu verstehen und gewinnbringend für alle zu gestalten.

Die acht Weltsichten oder Meme, mit dem Fokus auf den darin vorherrschenden Werten, werden von Don Beck und Christopher Cowan mit verschiedenen Namen und Farben beschrieben: In der beigen „Schar" steht das Überleben im Mittelpunkt, getragen vom Urvertrauen ins Leben. Im „Stamm" mit der Farbe Purpur wird für Sicherheit und Geborgenheit gesorgt. Bindungen und Zugehörigkeit sind wichtig. Das rote „Imperium" lebt vom Selbstvertrauen, von der Macht durch Stärke und Eroberung. In der blauen „Autoritätsstruktur" werden die absolute Wahrheit und damit Ordnung, Gehorsam, Moral und Gesetzestreue zum Maßstab. Im orangenen „strategischen Unternehmen" gewinnt das Vertrauen in die Vernunft die Oberhand zusammen mit Erfolg, Wohlstand und Autonomie. Das grüne „Sozialwerk" versteht sich von selbst: Da werden Verbundenheit, Liebe, die Kraft zur Versöhnung und Integration lebendig. Im „systemischen Prozess" in Gelb beginnt die zweite Ordnung. Hier liegt der Fokus nicht mehr so sehr auf den Prinzipien „Haben" und „Handeln", sondern „Sein" und „Zusammenschau". Wer mit „Gelb", d.h. mit Komplexität, Nondualität und Paradoxien, vertraut wird, kann hilfreich dazu beitragen, Veränderungen von einem Mem zum anderen zu begleiten und zu ermöglichen. Nach Gelb folgt die Farbe Türkis. Sie ist verbunden mit der Erfahrung von Allverbundenheit, mit Vertrauen in die Evolution und mit einem Weltethos, das ohne

Multiperspektivität nicht zum Tragen kommt. Dieses Mem trägt den Namen „holistischer Organismus".

In der heutigen Zeit, in der die Kulturen nicht zuletzt über die wachsenden Flüchtlingsströme zusammenwachsen, sind Menschen gefragt, die um die Verschiedenheit der Wertesysteme und ihre Funktionsweise wissen und gleichzeitig die einzelnen Meme zu würdigen verstehen. Dann werden sie zu Experten für ein gerechtes und friedvolles Zusammenleben auf der Mikro-, Meso- und Makro-Ebene.

Eine neue Weltordnung
Oder: Handeln auf der Makro-Ebene

Als ich zu Beginn dieses Jahres mit dem Schreiben dieses Buches begann, wurde an den 25. Jahrestag der „Mutter aller Schlachten" erinnert.[66] Die Operation zur Befreiung Kuweits, genannt „Desert Storm", stand ganz im Zeichen einer neuen Weltordnung. George Bush hatte die neue Weltordnung in einer denkwürdigen Rede im Jahr zuvor an einem ebenso denkwürdigen Tag, nämlich am 11. September, angekündigt. Obwohl er in dieser Rede die Harmonie aller Völker beschwor, diente sie leider dazu, den Krieg gegen den Irak zu rechtfertigen.

„Wir erleben heute einen einzigartigen und außergewöhnlichen Moment. So ernst die Krise am Persischen Golf ist, so bietet sie zugleich die Gelegenheit, zu einer Periode der Zusammenarbeit zu gelangen. Aus diesen schwierigen Zeiten kann unser fünftes Ziel – eine neue Weltordnung – hervorgehen: eine neue Ära – freier von der Bedrohung durch Terror, stärker im Streben nach Gerechtigkeit und sicherer in der Suche nach Frieden. Eine Ära, in der die Völker der Welt, Ost und West, Nord und Süd, prosperieren und in Harmonie leben können. Hundert Generationen haben nach diesem schwer zu fassenden Weg zum Frieden gesucht, während tausend Kriege in der Zeitspanne menschlichen Bemühens wüteten. Heute ringt diese neue Welt um ihre Geburt, eine

---

66 NZZ, International, Samstag, 16. Januar 2016

Welt, die anders ist als die, die wir bisher kannten. Eine Welt, in der die Herrschaft des Rechts die Herrschaft des Dschungels ersetzt. Eine Welt, in der die Völker die gemeinsame Verantwortung für Freiheit und Gerechtigkeit erkennen. Eine Welt, in der der Starke die Rechte des Schwachen respektiert. Das ist die Vision, die ich mit Präsident Gorbatschow in Helsinki geteilt habe. Er und andere Führer Europas, am Golf und auf der ganzen Welt verstehen, dass die Art und Weise, wie wir heute diese Krise lösen, der Zukunft kommender Generationen ihre Gestalt geben könnte." [67]

Das Bestreben, globale Organisationen zu schaffen mit dem Ziel, Weltfrieden zu sichern, die weltweite Entwicklung unter Berücksichtigung der Mitwelt zu fördern und den gerechten Wirtschaftsaustausch zwischen den Völkern zu regeln, geht weit zurück in die Geschichte der Menschheit. Im letzten Jahrhundert stand dieses Vorhaben insbesondere nach den beiden Weltkriegen im Mittelpunkt der globalen Politik. 1920 wurde der Völkerbund zur Sicherung des Friedens und der territorialen Unverletzlichkeit der Mitgliedsstaaten mit Sitz in Genf gegründet. Seine Wirksamkeit war jedoch eingeschränkt, denn alle Mitgliedstaaten hatten Vetorecht, und obwohl der Völkerbund auf Anregung des amerikanischen Präsidenten Wilson von den Siegermächten des Ersten Weltkrieges initiiert wurde, sind die USA nie Mitglied geworden. Politisch blieb diese Organisation schwach. Sie konnte den Zweiten Weltkrieg nicht verhindern. So wurde der Völkerbund dann auch nach dem Zweiten Weltkrieg 1946 von den Vereinten Nationen abgelöst. In der Präambel ihrer Charta weht ein Geist, der von den Schrecken beider Weltkriege gezeichnet, einmal mehr die Sicherung des Friedens als primäres Ziel voranstellte. Sie beginnt:

„Wir, die Völker der Vereinten Nationen – fest entschlossen,
- *künftige Geschlechter vor der Geißel des Krieges zu bewahren, die zweimal zu unseren Lebzeiten unsagbares Leid über die Menschheit gebracht hat,*
- *unseren Glauben an die Grundrechte des Menschen, an Würde und Wert der menschlichen Persönlichkeit, an die Gleichberechtigung von Mann und Frau sowie von allen Nationen, ob groß oder klein, erneut zu bekräftigen,*

---

67 https://open-speech.com

- *Bedingungen zu schaffen, unter denen Gerechtigkeit und die Achtung vor den Verpflichtungen aus Verträgen und anderen Quellen des Völkerrechts gewahrt werden können,*
- *den sozialen Fortschritt und einen besseren Lebensstandard in größerer Freiheit zu fördern,*

und für diese Zwecke
- *Duldsamkeit zu üben und als gute Nachbarn in Frieden miteinander zu leben,*
- *unsere Kräfte zu vereinen, um den Weltfrieden und die internationale Sicherheit zu wahren,*
- *Grundsätze anzunehmen und Verfahren einzuführen, die gewährleisten, dass Waffengewalt nur noch im gemeinsamen Interesse angewendet wird, und*
- *internationale Einrichtungen in Anspruch zu nehmen, um den wirtschaftlichen und sozialen Fortschritt aller Völker zu fördern –*

haben beschlossen, in unserem Bemühen um die Erreichung dieser Ziele zusammenzuwirken."[68]

Viele Menschen sind enttäuscht von der Wirk(-ohn)macht der Vereinten Nationen. Sie leidet unter derselben strukturellen Schwäche, wie bereits der Völkerbund. Ihre Mitgliedstaaten sind (noch) nicht bereit, Eigeninteressen den globalen Anliegen und Notwendigkeiten zu unterstellen und Souveränitätsansprüche abzugeben. Trotz ihrer Schwächen bleiben die Vereinten Nationen eine notwendige Weltorganisation, auf die wir nicht verzichten können. Sie ist die einzige Plattform, in der Vertreterinnen und Vertreter aller Nationen die globalen Folgen von Konflikten, Wirtschaftskrisen, Unterentwicklung, Armut und Umweltzerstörung beraten und in einem langwierigen Prozess nach tragfähigen Lösungen suchen. Während mehrerer Jahre habe ich regelmäßig den Hauptsitz der Vereinten Nationen in New York besucht und engagierte Mitarbeitende treffen dürfen, die ähnliche Worte wie Robert Muller für ihre Arbeit fanden: „Die Arbeit bei den Vereinten Nationen ist ganz und gar nicht enttäuschend; sie

---

68   https://www.admin.ch

ist in höchstem Maße aufregend. Nach 36 Jahren in ihren Diensten empfinde ich mehr Enthusiasmus denn je für ihre Rolle, die sie bei der positiven Entwicklung der Menschheit übernehmen kann. So helfe mir Gott."[69]

Das letzte Jahrhundert war auch ein Jahrhundert verschiedenster Versuche, Weltordnungsmodelle gewaltsam umzusetzen, wie Faschismus, Nationalsozialismus und Kommunismus. Heute herrschen die kapitalistische Weltwirtschaftsweise und (noch) die weltpolitische Vormachtstellung der westlichen Demokratien vor. Die Zahl der Verlierer dieser Systeme nimmt zu und aufstrebende Staaten wie China, Indien und Brasilien gewinnen an neuer Macht.

Im Blick auf diese globalen Prozesse bezweifeln viele Menschen die Möglichkeit, einen Beitrag zur Realisierung der gewaltigen Ziele der Vereinten Nationen leisten zu können. Mit Ihnen möchte ich die Worte von Robert Muller an die Leser des Büchleins: „Planet der Hoffnung. Wege zur Weltgemeinschaft" teilen: „Mit Hilfe Ihres aufrichtigen Engagements und Ihrer Mitarbeit werden wir Erfolg haben…Vermittelt den anderen die Vision der Welt, wie Ihr sie Euch wünscht! Knüpft ein Netzwerk der Gedanken, knüpft ein Netzwerk der Taten, knüpft ein Netzwerk der Liebe, knüpft ein Netzwerk des Geistes! Ihr seid der Mittelpunkt eines weitverzweigten Netzwerks von Beziehungen, Ihr seid der Mittelpunkt der Welt, Ihr seid der freie und ungeheuer wirkungsvolle Ursprung des Lebens und alles Guten!"[70]

---

69 Muller, Robert: *Planet der Hoffnung,* S. 122
70 Ebenda, S. 123f

Anregungen zur persönlichen Reflektion und Übungen

Krise – Gefahr oder Chance?

Das Wort Krise setzt sich im Chinesischen aus zwei Zeichen zusammen. Das obere Zeichen bedeutet Gefahr, das untere Zeichen Chance. Jede Krise stellt uns vor kleinere oder größere Herausforderungen. Nehmen wir diese an, so kann jede Krise zur Wachstumschance werden. Folgende Fragen lehnen an die Juwelenübung[71] an. Sie können helfen, die innere Dynamik von Krisen im eigenen Leben auszuloten:

1. Beschreiben Sie einen Misserfolg, einen Rückschlag oder eine große berufliche bzw. private Krise, die Sie schon einmal erfolgreich gemeistert haben.
2. Was hätten Sie in der Situation ändern können und was nicht?
3. Was war die größte „Prüfung"?
4. Welche Fähigkeiten und Ressourcen haben Ihnen bei der Bewältigung der Krise geholfen? Wie haben Sie den Erfolg geschafft? Was war besonders wichtig?
5. Was war das Gute im Schlechten?
6. Inwiefern war die Erfahrung ein Entwicklungsschritt?
7. Was können Sie aus dieser Erfahrung für die Bewältigung zukünftiger Krisen lernen?
8. Entscheiden Sie, mit welcher Krise Sie immer noch beschäftigt sind und heute etwas dazulernen möchten.

Ho'ponopono

In den vergangenen Jahrzehnten nahm das Interesse an Weisheitslehren anderer Kulturen in einer breiteren Öffentlichkeit stetig zu. Dazu gehört auch das Hawaiianische Vergebungsritual Ho'ponopono. Es hilft, Versöhnungskräfte in sich selbst zu aktivieren und in sich die Quelle des Friedens zu stärken. Wir

---

71 Von Meibom, Barbara: *Spirituelles Selbstmanagement,* S. 230

werden dadurch fähiger, Spannungen und Konflikte konstruktiv zu lösen. Die Übungsanleitung könnte nicht einfacher sein. Sie besteht aus vier Sätzen, die wie ein Mantra wiederholt werden: „Es tut mir leid. Bitte verzeihe mir. Ich liebe dich. Danke." Wenn wir uns tief verletzt fühlen, mögen uns diese Sätze nur schwer über die Lippen gehen. Gelegentlich hilft dann, wenn wir erst zu uns selbst die Sätze sagen: „Es tut mir leid. Ich verzeihe mir. Ich liebe mich. Danke."[72]

Metta-Meditation

Auch die Buddhistische Tradition kennt eine einfache Übung, um den eigenen inneren Frieden zu stärken und liebende Güte sich und anderen Menschen gegenüber zu entwickeln. Sharon Salzberg nennt diesen Weg „Buddhas revolutionärer Weg zum Glück"[73]. Auch hier ist die Übungsanleitung einfach. Nach einer Entspannungsübung, die hilft, aus dem Alltagstrott auszusteigen, spricht man Sätze wie beispielswiese diese:

„Möge ich frei sein von Gefahr.
Möge ich glücklich und zufrieden sein.
Möge ich körperlich gesund sein.
Möge ich leicht durchs Leben gehen."

Wenn wir anderen Menschen etwas Gutes tun wollen, dann werden die Sätze umformuliert etwa so:

„Möge sie/er sicher und geborgen sein und frei von innerer und äußerer Not.
Möge sie/er glücklich und zufrieden sein.
Möge sie/er, soweit nur irgend möglich, gesund und heil sein.
Möge sie/er die Leichtigkeit des Wohlbefindens erfahren …"

---

72 Duprée, Ulrich Emil: *Ho'oponopono*, S. 22
73 Salzberg, Sharon: *Metta-Meditation*, 2014

Auch hier gilt: Übung macht den Meister. Durch das tägliche Üben dieser spirituellen Praxis werden wir liebevoller im Umgang mit uns selbst, in der Familie und am Arbeitsplatz.

Du selbst bist die Welt

Im Laufe folgender Übung wird die Interdependenz zwischen Mikro-, Meso- und Makro-Ebene deutlich. Bestimmen Sie ein Thema aus dem aktuellen Weltgeschehen (Makro-Ebene) oder eine Herausforderung am Arbeitsplatz (Meso-Ebene) oder eine persönliche Situation (Mikro-Ebene), die Sie beschäftigt. Beginnen Sie damit, diese Situation zu beschreiben. Benennen Sie auch Ideen, Gefühle, Urteile. Danach suchen Sie nach Entsprechungen (Ereignisse, Situationen, Konstellationen) in den anderen beiden Ebenen des Handelns.

In einem zweiten Schritt beschreiben Sie die Lösungsstrategien auf den drei Ebenen des Handelns. Finden Sie hier Parallelen und Unterschiede.

Im dritten Schritt fragen Sie, wie Sie für das Fehlende da sein können.

Erkennen Sie in den Antworten Übereinstimmungen, Ergänzungen, Widersprüche? Diese Übung eignet sich insbesondere für die Arbeit in Gruppen.

Die Kultur der Partnerschaft
von Mann und Frau

Von Niklaus Brantschen

Ein Abend im März 2016. Anna Gamma hatte mich zu einem Essen eingeladen, um mir etwas Wichtiges mitzuteilen. Ich war gespannt. Sie berichtete mir von ihrem Plan, ein Buch in Erinnerung an Pia Gyger zu schreiben. Meine Freude war groß, trage ich doch seit Pias Tod die Frage in mir, wie ihr reicher, zum Teil noch verborgener Schatz an Einsichten gehoben und möglichst vielen Menschen zugänglich gemacht werden könnte. Und nun Annas überraschende Ankündigung und die Frage, ob ich für das geplante Buch einen Beitrag schreiben möchte.

Von Herzen gerne berichte ich von unserem jahrelangen Miteinander. Pia und mich verband nicht nur eine tiefe Freundschaft, wir bemühten uns auch – ermutigt durch Anna Gamma – in all unseren Projekten, in Vorträgen und Seminaren um eine Kultur der Gleichberechtigung und Partnerschaft von Mann und Frau. Neue, geschlechteregalitäre Strukturen zu schaffen oder wenigstens zu versuchen, war uns stets ein Anliegen. Dabei ergänzten wir uns nicht nur als Mann und Frau; wir waren auch als Typus sehr unterschiedlich. In unserem gemeinsamen Buch *Es geht um die Liebe*[74] haben wir dieses Miteinander, diese Ko-Kreation so charakterisiert: „Unsere Begegnung vor 40 Jahren markierte nicht nur den Beginn einer vertrauensvollen Freundschaft und lebenslangen Partnerschaft, sie war auch Startschuss für eine kreative und produktive Arbeitsgemeinschaft. ...In unserer Verschiedenheit ergänzen wir uns, wir wachsen und reifen aneinander. Ja, wir sind uns zur gegenseitigen Inspiration und Weisung, zur Stärkung und Formung gegeben: einerseits die visionäre Kraft (dank Pia), andererseits die gestaltende und formende Kraft (dank Niklaus). Gemeinsam

---

74 Brantschen, Niklaus, Gyger, Pia: *Es geht um die Liebe*, S. 85ff

wagten wir vieles, was wir alleine wohl oft nicht gewagt hätten". Pia hat es so auf den Punkt gebracht: „Wir ergänzen uns einzigartig. Niklaus nimmt meine Inspirationen auf, gießt sie in eine Form und gemeinsam können wir ihnen dann in der Welt Ausdruck verleihen".[75]

Im Folgenden soll diese Ko-Kreation am Beispiel des Lassalle-Institut-Modells (LIM), besonders in Bezug auf die ganzheitlich entfaltete Intelligenz, erörtert werden.

Drei Formen der Intelligenz

„Wie geht es deiner Seele? Erzähle!" Mit dieser Frage und mit dieser Aufforderung hat mich Pia nicht selten in Verlegenheit gebracht. Es war vor allem sie, die den Raum für psychische Nähe in unserer Beziehung bereitet hat. Sie hat immer sehr entschieden angemeldet, wenn es Zeit zum Reden war. Etwas unter den Teppich zu kehren oder einfach stehen zu lassen, war nicht ihre Sache. Mit ihrer direkten Art hat sie von mir, einem Walliser, einem Mann, einem Jesuiten, der geneigt ist, zu rationalisieren, anstatt wahrzunehmen und hinzuspüren, eine neue Wahrnehmungskultur eingefordert. Mit anderen Worten: Von Pia habe ich gelernt, was wir in unserem Modell **„emotionale Intelligenz"** genannt haben. Allmählich wuchs bei mir die Bereitschaft, offen und achtsam zuzuhören, die Gefühlslage anderer Menschen zu verstehen und wahrzunehmen, was andere motiviert, ärgert oder freut. Mehr und mehr wurde auch ich fähig, nicht nur mich selbst besser zu spüren, sondern auch eine tiefere Beziehung mit anderen Menschen, mit Tieren, Dingen und mit der Umwelt einzugehen. Miteinander lernten wir, dass sich diese Fähigkeit einüben und entfalten lässt.

Mit der Zeit fanden wir auch Ausdruck für unsere Stimmungslage und Befindlichkeit. Wenn beispielsweise Pia sagte, sie habe „Abend", wusste ich, dass sie eine Schwere empfand, am Schmerz der Welt teilnahm und ihn mittrug – ohne einem Weltschmerz zu verfallen. Und wenn ich von „Unruhe" sprach, wusste

---

75 Ebd., S. 105

Pia, was gemeint war: Ich war in Gefahr, zu räsonieren, mich im Tun zu verlieren oder in den Zeiten herumzuirren, die nicht die meinen sind, nämlich die Vergangenheit oder Zukunft. Pias Aufforderung: „Komm jetzt zu dir zurück", wirkte dann Wunder.

Als Pia und ich daran gingen, die **„mentale Intelligenz"** für unser Modell zu skizzieren, war meine Vorliebe für Philosophie gefragt. Ich erinnere mich, wie ich René Descartes als Konsequenz von Galileo Galilei ins Spiel gebracht habe. Ich fasse meine damaligen Überlegungen kurz zusammen:

Die kopernikanische Wende, von Galilei vollendet, brachte die Welt ins Wanken. Was augenfällig und für alle sichtbar war, dass nämlich die Sonne sich bewegt, stimmt plötzlich nicht mehr. Die Sonne steht still und die Erde bewegt sich. So leicht kann man sich täuschen! Unsicherheit bemächtigt sich des Menschen. Wo findet er Sicherheit, wo einen festen Punkt, gewiss und unerschütterlich?

Was gewiss und unerschütterlich ist, findet Descartes in der eigenen Existenz, im eigenen Denken: „Cogito, ergo sum" – „ich denke, also bin ich".[76] Mit Descartes ist uns das Denken in den Kopf gestiegen. Die technische Intelligenz begann wie ein Parasit auf Kosten anderer Fähigkeiten des Vernehmens und Wahrnehmens zu wuchern. Die Angst vor solchen Einseitigkeiten führt als Reaktion nicht selten zu Kopflosigkeit. Wo diese sich breitmacht, fehlt die Ein*sicht, der* Über*blick*, die Gesamt*schau*. Und genau dies meint das aus dem Griechischen stammende Wort „Theorie": sehen, schauen, wahrnehmen. Diese ursprünglichen Bedeutungen von Theorie bekommen der mentalen Intelligenz, wie wir sie nennen, gut. Wie übrigens auch – wieder im Wortsinn genommen – die „Vernunft". Vernünftig ist nämlich, wer vernimmt, was ist, und damit weiß, was wirklich ist, was Sache ist, und zwar die ganze Sache und die ganze vielschichtige Wirklichkeit.

Damit kommt eine weitere Dimension der Intelligenz in den Blick, die *„spirituelle"*. Spirituelle Intelligenz scheint vielen etwas Abgehobenes zu sein, geeignet

---

76 Brantschen, Niklaus: *Erfüllter Augenblick,* 2007, S. 67f

für Menschen, die vor dem Anspruch der Zeit flüchten. Nicht so für Pia und mich. Spirituelle Intelligenz hat für uns sehr viel zu tun mit dem Boden, auf dem ich stehe und wie ich stehe. Sie hat zu tun mit der Art und Weise, wie ich im Leibe lebe und wie ich atme: oberflächlich und gehetzt oder leicht und ruhig. Spirituelle Intelligenz hat schließlich auch damit zu tun, wie ich die Dinge sehe: vordergründig oder in ihrer Ganzheit mit den Hinter- und Untergründen.

Teilhard de Chardin, ein bedeutender Lehrer von Pia, hat eindrücklich klargemacht, dass wir aus evolutiver Sicht – und zu unserem Glück – gar nicht die Wahl haben, eine umfassende Intelligenz anzustreben: „Wir diskutieren – doch was hat das für einen Sinn, da die Entscheidung bereits getroffen wurde und wir bereits eingeschifft sind?!

Seit mehr als 400 Millionen Jahren strebt auf unserer Erde die unermessliche Masse der Seienden, zu denen wir gehören, hartnäckig, unermüdlich empor zu mehr Freiheit, mehr Empfindsamkeit, mehr innerer Schau: und wir fragen uns noch, wohin wir gehen sollen?"[77] „Warum habe ich Christus so gern?" Wie oft hörte ich Pia so fragen. Es war weniger eine Frage. Es war vielmehr ein Erstaunen, ein Ergriffensein. Was wir als *spirituelle Intelligenz* bezeichnet haben, bekam für sie mehr und mehr den Charakter der Christus-Erfahrung im Sinne von Teilhards kosmischer Sicht.

Alle drei Weisen der Intelligenz gehören aufs engste zusammen. Genau genommen sind es nicht drei Formen, sondern drei Aspekte der einen menschlichen Fähigkeit, wahrzunehmen, zu unterscheiden und sich zu entscheiden. Man kann die eine Intelligenz in ihrer ursprünglichen Qualität nicht haben ohne die andere. Nur die eine pflegen zu wollen, ist deshalb unklug, ja sogar dumm, weil einseitig. Die „spirituelle Intelligenz" etwa für sich genommen ist zu vage oder hebt ab – oder beides zusammen. Und wer glaubt, sich ausschließlich den Emotionen anvertrauen zu müssen, wird feststellen, wie sehr Gefühle täuschen können und wie der Elan vital, die Schwungkraft des Lebens, sich wild gebärdet, um dann schnell zu erlahmen. Die mentale Intelligenz schließlich,

---

77 De Chardin, Teilhard: *Vom Glück des Daseins*, S. 27

losgelöst von den anderen Formen des Wahrnehmens, ist zu nichts nütze, es sei denn zu spitzfindigem Räsonieren.

Die drei Weisen des Seins

Bereits vor vielen Jahren kam mir für die bildliche Darstellung der drei Aspekte der Seins-Erfahrung der Vergleich mit kommunizierenden Röhren in den Sinn: nach oben offene, aber unten miteinander verbundene Röhren oder Gefäße. Die horizontale Verbindungsröhre unten steht für **Einheit;** die einzelnen vertikalen Röhren stehen für **Verschiedenheit.** Betrachtet man die vertikalen Röhren für sich allein, ergibt dies ein zufälliges Nebeneinander, ein Mehr vom Gleichen. Legt man das Augenmerk auf die unterste Röhre allein, ergibt sich ein undifferenzierter „Seinsbrei". Erst die Verbindung der vertikalen Röhren mit der horizontalen Röhre in der Tiefe macht ihre **Einzigartigkeit** aus.

Was ich als ausgesprochener Empfindungstyp auf diese Weise zum Ausdruck gebracht habe, hat Pia Gyger intuitiv in einer Tagebuchnotiz im September 1997 festgehalten, nämlich dass alle Wesen gleich sind in der Essenz, unterschiedlich in Form und Gestalt und einmalig in der Würde. Miteinander durften wir diese Einsicht weiter ausformulieren. Geholfen hat uns dabei das dem Zen-Patriarchen Tozan Ryokai (807-869) zugeschriebene Modell der „fünf Grade".[78] Für Meister Ryokai ermöglicht das Erwachen zum wahren Wesen die Erfahrung der einen Wirklichkeit, die sich uns zeigt als absolut, leer und eins und gleichzeitig als relativ, gestalt- und formhaft sowie verschieden. Je nach Akzentsetzung kann die Erfahrung gedeutet werden als Einheit oder als Verschiedenheit. Das Miteinander der beiden Weisen der Erfahrung ermöglicht die Erfahrung der Einzigartigkeit.

---

78 Hisamatsu, Hoseki Shinichi: *Die fünf Stände von Zen-Meister Tosan Ryokai.*

Drei Ebenen des Handelns

Ostern 1995. Pia Gyger und ich hatten uns zu einer Klausur zurückgezogen, um in Ruhe das Konzept für ein Institut zu erarbeiten, in dem eine spirituelle Bewusstseinsbildung in Politik und Wirtschaft eingeübt werden sollte. Während ich in meiner Vorliebe für das Detail nach dem passenden Namen für das Institut suchte und zu der Abkürzung ISPW kam (später: Lassalle-Institut), wurde Pia nicht müde, zu betonen, die globale Sicht dürfe nicht fehlen. Bei aller Verschiedenheit waren wir uns aber stets einig, dass Spiritualität, die diesen Namen verdient, nicht in der sogenannten Innerlichkeit stecken bleiben und sich im Privaten erschöpfen darf, sondern ihre Vollendung in einem Denken und Handeln findet, das nicht Halt macht vor lokalen und nationalen Grenzen. Daraus entwickelten wir den Dreischritt: Handeln auf der **Mikro-, Meso- und Makroebene.**

Zusammenfassend halte ich fest: In all unserem Planen, Tun und Lassen – und gerade auch im Erarbeiten des Lassalle-Institut-Modells – war Pia für mich Inspiration und Weisung und ich war für sie Stärkung und Formung. Miteinander haben wir gelernt, uns in unseren Schwächen und Begrenzungen ebenso wie unseren Stärken anzunehmen und uns in unserer Arbeit zu ergänzen. Es war für uns stets ein Anliegen, privat und in Seminaren, die drei Intelligenzweisen zusammen einzuüben und nicht auseinanderzureißen, was zwar unterschieden, aber nicht getrennt werden kann. Und wir waren uns einig: Unterscheidungen von Einheit, Verschiedenheit, Einzigartigkeit mögen hilfreich sein. Sie müssen aber überschritten und internalisiert werden, wenn wir frei und ursprünglich wirken wollen. Uns war bewusst: Für Mitglieder von Gemeinschaften, die sich für „Frieden und Versöhnung in der Welt" (Katharina-Werk) engagieren und Kontemplation und Aktion (Jesuiten) verbinden, stehen Selbstfindung und Weltfindung miteinander in Wechselwirkung und gehören zusammen. Was Pia und ich auf der persönlichen und institutionellen Ebene über Jahre hinweg leben durften, erscheint mir als Beitrag für die Realisierung des vierten Prinzips des Weltethos: für eine Kultur der Partnerschaft und Gleichberechtigung von Mann und Frau.

Das Lassalle-Institut-Modell als Führungsinstrument

Von Thomas Klink

Ausgangssituation

Das Lassalle-Institut-Modell (LIM) ist ein integrales Instrument zur Klärung von Herausforderungen und Lösung von Schwierigkeiten im Führungsalltag. Für die Professionalisierung von Führungskräften sind die drei Ebenen des Handelns von substanzieller Bedeutung. So können organisationale Fragestellungen (Mesoebene) erst unter Einbeziehung gesellschaftlicher Tendenzen (Makroebene) und individuellen Verhaltens (Mikroebene) umfassend geklärt und bearbeitet werden. Die drei Weisen des Seins zeigen auf, wie Menschen in Beziehung mit sich und mit der Welt stehen. In einer Organisation stehen beispielsweise die Mitarbeitenden in einer direkten Beziehung und teilen gemeinsame Werte (Einheit). Die verschiedenen Abteilungen und Professionen bilden unterschiedliche Subkulturen (Verschiedenheit), und jede Mitarbeiterin und jeder Mitarbeiter besitzt individuelle Werte und Wünsche (Einzigartigkeit). Die Differenzierung nach den drei Weisen des Seins kann einen stockenden Kultur- und Wertedialog wieder in Gang bringen.

Bei der Bearbeitung von Führungsfragestellungen bieten die drei Formen der Intelligenz eine Differenzierungshilfe, um zugrundeliegende Kräfte und Muster zu klären. Die praktische Anwendung der spirituellen Intelligenz benötigt eine angemessene Übersetzung in den organisationalen Kontext. Einige Führungspersonen können die spirituelle Dimension oftmals gut nachvollziehen, die Integration in den Führungsalltag wird hingegen nicht unmittelbar eingesehen. Sie braucht Zeit. Wege auszuprobieren, um die innere Einkehr zu schulen, empfinde ich persönlich als etwas vom Faszinierendsten innerhalb der Führungsentwicklung. Deshimaru-Roshi[79] fasst dies in einem prägnanten Satz zusammen: „Die höchste Form der Hilfe ist die, den Menschen die innere Freiheit und den persönlichen Frieden zu bringen". Die Auseinandersetzung mit der Spiritualität erfordert immer auch eine persönliche Involvierung. Eine stimmige Balance zu meistern, zwischen einem inneren, stillen Weg und einem äußeren, exponierenden Weg, ist anspruchsvoll.

Die Praxis der Zen-Meditation führt uns über den Atem in die Stille und ermöglicht die Begegnung mit der inneren Meisterschaft und Intuition. Besonders bei Menschen, die sich primär als rational erleben, kann diese innere Einkehr neue Dimensionen eröffnen und den persönlichen Reifungsprozess maßgeblich fördern. Im Vergleich zu vielen anderen Aktivitäten wird in der Zen-Meditation explizit mit der „Nichtbeschäftigung" und mit dem „Nicht-Leisten" gearbeitet. Es wird permanent geübt, den Griff des Planens und des Leistens zu lockern, um einen Raum zu schaffen, in dem die Ruhe wirken kann. So steht die Meditation explizit für das Austreten aus dem Leistungs- und Machbarkeitsparadigma. Die meisten Menschen in modernen Organisationen orientieren sich jedoch an Leistungsprinzipien mit dem Ziel, besser zu sein als die Konkurrenz, Profite zu erwirtschaften und zu expandieren. Aus dieser Haltung resultieren jedoch Probleme, deren Lösung meist nur auf einer höheren Ebene gefunden werden kann. Laloux[80] nennt sie die „integrale, evolutionäre Ebene". Dabei spielt das Entwickeln von Sinnhaftigkeit in Organisationen eine wesentliche Rolle, indem beispielsweise „Konkurrenten" begrüßt werden, um gemeinsam einen organisationsübergreifenden Sinn zu verwirklichen.

Das zunächst leicht klingende Vorhaben, still zu sitzen und sich auf den Atem zu konzentrieren, unterscheidet sich diametral von gesellschaftlichen Riten der Betriebsamkeit und Ablenkung. In seinem Buch „Digitaler Burnout" beschreibt Markowetz[81], dass wir uns durchschnittlich 53-mal am Tag durch das Smartphone unterbrechen lassen. Daraus resultiert ein stark fragmentierter Alltag, in dem die Konzentration auf die aktuelle Tätigkeit und Interaktion erschwert

---

79   Deshimaru, Taisen Roshi: *Za-Zen.*
80   Laloux, Frederic: *Reinventing Organizations.*
81   Markowetz, Alexander: *Digitaler Burnout.*

wird. Wie in vielen Disziplinen werden wir wahrscheinlich auch in der Disziplin, uns selbst abzulenken, immer besser. In Anbetracht dieser Tendenzen stellt jede bewusste Rückkehr zum Atem ein Moment der inneren Meisterschaft dar und darf, ohne falschen Stolz, entsprechend gewürdigt werden.

Integration von Meditation und Spiritualität in Führungstrainings

Führungskräfte schätzen ein ordnendes Modell, welches die Zusammenhänge und Wirkmechanismen auf anschauliche Weise darstellt. Ich habe deshalb ein Modell „Meditatives Modell der Führung" entwickelt, das die Auseinandersetzung mit einem meditativen Weg unterstützt. Dies schafft Sicherheit und Orientierung in einem Feld, welches mit Unsicherheiten besetzt sein kann.

Das Rahmenmodell findet Anwendung in einem zweitägigen Weiterbildungskurs „Zen-Meditation und Leadership" und ist Bestandteil im Certificate of Advanced Studies (CAS) in Leadership Excellence. Beide Weiterbildungsmodule entwickelte ich gemeinsam mit Anna Gamma. Sie werden durch das Institut für Angewandte Psychologie (IAP), Züricher Hochschule für Angewandte Wissenschaften angeboten.

Im Folgenden beschreibe ich die drei Hauptkomponenten des Modells:
- Seinlassen
- Mitgefühl
- Kontakt

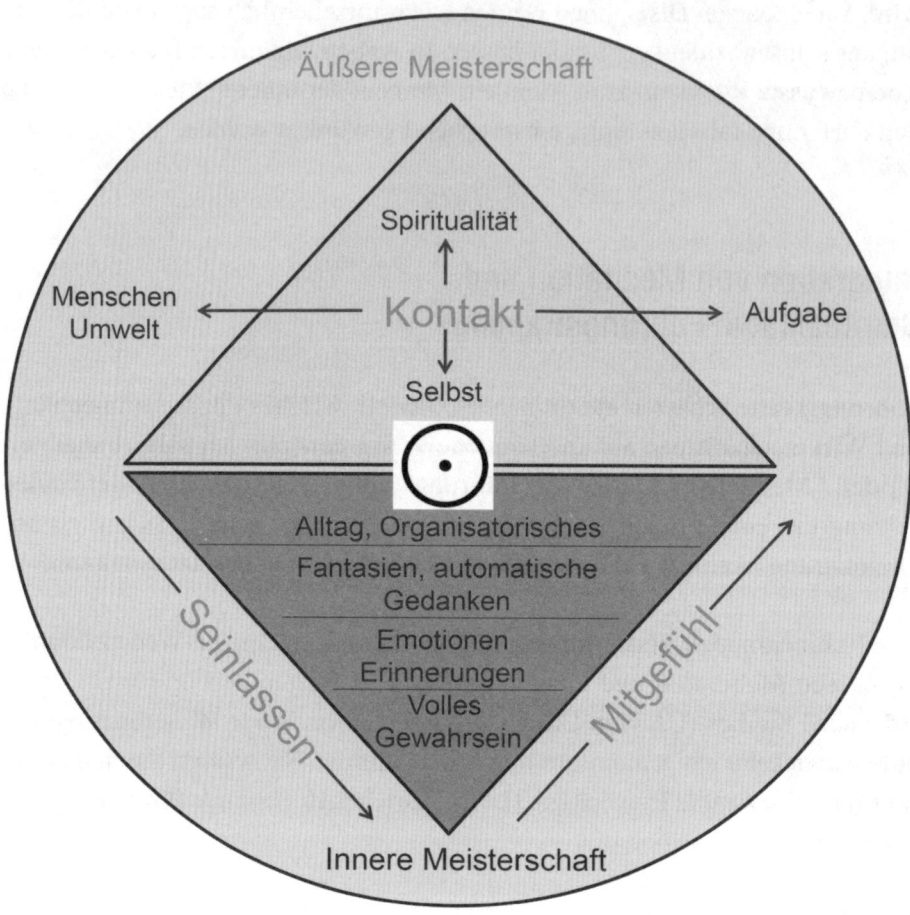

Abb. 1. Das meditative Modell der Führung

Seinlassen

Eigene Ansprüche und Glaubenssätze über uns selbst, über unseren Status und unsere Rollen halten uns teilweise fest im Griff und bestimmen unser Verhalten.

In der Meditation üben wir das Seinlassen von Gedanken und Emotionen und dringen immer weiter zur inneren Stille vor. Der Atem dient uns als Impulsgeber und Erinnerungshilfe, mit unserem Geist im unmittelbaren Moment zu verweilen. Der Prozess des Eintauchens in die innere Stille durchläuft verschiedene Phasen. Zunächst sehen wir uns mit einem Wasserfall an Alltagsgedanken konfrontiert und werden uns bewusst, mit wie viel Gedankenfragmenten sich unser Geist permanent beschäftigt. Fantasien und automatische Gedanken halten zudem unseren Geist in ständiger Vibration. Manche verspüren Ärger, wenn sie abdriften und selbst diese einfache Aufgabe „beim Atem bleiben" nicht erfolgreich ausführen können. Zielführender ist ein freundliches und bestimmtes Zurückführen der Gedanken zum Atem.

Wenn uns die Konzentration auf den Atem gelingt, können wir auch Emotionen und Erinnerungen sein lassen. Wir treten in einen Raum des vollen Gewahrseins ein und erhalten Kontakt zur inneren Meisterschaft. In diesem friedvollen Bewusstseinszustand lassen sich anspruchsvolle Führungs- und Lebensfragen wahrhafter lösen.

Mitgefühl

Nach dem Lockern des festen Griffs unserer Gedanken und Emotionen fällt die Entwicklung von Mitgefühl leichter. Weisheitslehrerinnen und -lehrer aus Ost und West vertreten die Ansicht, dass das Mitgefühl der Schlüssel zur persönlichen Erfüllung ist. Das Zulassen und Erleben von Mitgefühl führt uns aus der Beschäftigung mit uns selbst heraus und ermöglicht einen tieferen Kontakt mit der Welt. Der Meditationsmeister Sakyong Mipham[82] sieht im Mitgefühl

---

82   Sakyong Mipham: *Den Alltag erleuchten.*

das wirksamste Mittel gegen die Verwirrung. Wir werden nicht mehr zwischen unserem Zorn und Stolz herumgestoßen, sondern positionieren uns aus einer Haltung des echten Interesses am Anderen. Praktizieren wir Mitgefühl, machen wir uns mit uns und anderen Menschen vertraut.

Übung zur Entwicklung von Mitgefühl

In Anlehnung an Kornfield[83] und Salzberg & Thurman[84]

Für diese Übung benötigst du einen ruhigen Ort, an dem du dich ungestört und sicher fühlst. Bei den ersten Durchführungen dauert der Ablauf acht bis zehn Minuten. Mit etwas mehr Übung ist eine unmittelbare Anwendung im Alltag möglich.

Folgender Ablauf unterstützt die Entwicklung von Mitgefühl:

Achte auf deinen Atem. Gehe in deine Mitte und folge dem Atem mit seinen sanften Bewegungen. Atme ruhig und spüre deinen Körper, deinen Herzschlag und das Leben in dir. Die Augen entspannen sich. Der Kiefer und die Wangen entspannen sich. Die Zunge sinkt ruhig ab.

Fühle deine Wertschätzung für dein Leben.

Atme tief und ruhig. Falls deine Gedanken abschweifen, hole sie liebevoll und konsequent zum Atem zurück. Jede Rückkehr ist ein Erfolg.

Lenke nun deine Gedanken auf einen Menschen, der gerade in Schwierigkeiten ist und den du wirklich gerne hast.

Stelle dir diesen Menschen vor und spüre den natürlichen Impuls der Fürsorge in dir.

---

83 Kornfield, Jack: *Das weise Herz.*
84 Salzberg, Sharon und Thurman, Robert: *Umarme Deinen Feind,* S. 171

Dann öffne deinen Geist und dein Herz für die Sorgen und das Leid, mit denen dieser Mensch konfrontiert ist.

Spüre, wie sich dein Herz öffnet, wie du diesem Menschen alles Gute wünschst.

Nun lasse folgende Wünsche für diesen Menschen in dein Herz und deinen Geist einfließen:

- Mögest du voller Mitgefühl getragen sein.
- Mögen deine Sorgen und dein Leid sich vermindern.
- Mögest du in Frieden leben.

Nun wenden wir uns einem Menschen zu, mit dem du Schwierigkeiten oder einen Konflikt hast.

Wir lassen auch jetzt den Atem fließen. Achte bewusst auf deinen Atem. Gehe in deine Mitte und folge dem Atem mit seinen ruhigen Bewegungen. Atme ruhig und spüre deinen Körper, deinen Herzschlag und das Leben in dir. Die Augen entspannen sich. Das Kiefer und die Wangen entspannen sich. Die Zunge sinkt ruhig ab.

Wir spüren, dass alle Menschen schutzlose Anteile haben und es für niemanden eine letztendliche Sicherheit gibt.

Nun lasse folgende Wünsche für diesen Menschen in dein Herz und deinen Geist einfließen:

- Mögest du voller Mitgefühl getragen sein.
- Mögen deine Sorgen und dein Leid sich vermindern.
- Mögest du in Frieden leben.

Mitgefühl enthält auch Mitfreude. Es kann auch Tränen oder ein sanftes Lächeln bei dir auslösen.

Kontakt

In Kontakt zu sein und nicht einfach das Leben abzuarbeiten, ist wichtig für das Erleben von Sinnhaftigkeit. Der Kontakt zu uns selbst, zu anderen Menschen und zu unserer Aufgabe setzt Energie und Lebendigkeit frei und ermöglicht meisterliches Agieren und Führen.

Der Begründer der Logotherapie, Viktor Emil Frankl[85], postuliert, dass in jeder Situation Sinn zu finden ist. Selbst in den lebensbedrohenden und unwürdigen Umständen eines Konzentrationslagers der Nationalsozialisten gelang es Frankl, Sinnhaftigkeit zu finden. Entscheidend ist, das Sinnangebot einer Situation wahrzunehmen und zu verwirklichen. Frankl identifiziert das Gewissen als „Sinn-Organ", was uns Hinweise bezüglich Sinnhaftigkeit und Sinnlosigkeit zur Verfügung stellt. Die Sinnmöglichkeiten von Situationen zu erkennen, benötigt einen guten Kontakt zu sich selbst, zu anderen und zum aktuellen Moment.

Den Kontakt zur Spiritualität erlebe ich im Umgang mit Führungskräften als eine besondere und heikle Dimension. Daher bespreche ich diesen Aspekt etwas ausführlicher.

Kontakt zur Spiritualität

Die Zen-Meditation ist eine Meditationspraktik des Zen-Buddhismus und ist daher in eine spirituelle Tradition eingebettet. Durch das Praktizieren der Zen-Meditation tauchen wir unter die Oberfläche und treten in Kontakt mit der Tiefe bzw. Spiritualität unserer Persönlichkeit. Je nach persönlicher Lerngeschichte können Personen allerdings eine Abwehr gegen spirituell- religiöse Inhalte entwickelt haben. Um die Akzeptanz zu erhöhen, ist zunächst sinnvoll, meditative Techniken zur Distanzierung von Gedanken und Emotionen zu trainieren. Ruhiges Sitzen und die Konzentration auf den Atem kann eine gute

---

85   Frankl, Victor Emil: *Das Leiden am sinnlosen Leben.*

Alltagspraxis darstellen, um die eigene Gelassenheit und Konzentrationsfähigkeit zu schulen. Die Zen-Meditation möchte jedoch nicht auf dieser Ebene der unmittelbaren Verwertbarkeit verharren. Beim Erleben der Stille lassen wir uns auf eine Reise ein, auf der sich unsere Vorstellungen und kognitiven Modelle verflüssigen. Die Stille ermöglicht Erfahrungen, die in keine rationalen Kategorien passen.

Die Praxis der Zen-Meditation öffnet einladend das Tor zur eigenen Spiritualität und nimmt mich an der Hand auf meinem inneren Weg. Ausgedrückt mit den schönen Worten von Niklaus Brantschen[86]: „Wer sein innerstes Wesen entdeckt, entdeckt das Wesen der Welt. Und im Letzten das Wesen Gottes."

Mit fortschreitender Übung der Zen-Meditation werden verschiedene Ebenen erreicht, die ich in einem Stufenmodell, dem „meditativen Modell der Führung", veranschauliche. Dieses Modell hilft Führungskräften, jeden Schritt zu würdigen, ohne die zugrundeliegenden Ebenen auszublenden. Es zeigt zudem auf, dass auf diesem Weg Fähigkeiten entwickelt werden, die für Führungskräfte von großem Wert sein können.

- Konzentrationsfähigkeit
- Selbstreflektion und Gelassenheit
- Sich eins fühlen mit anderen
- Erlebte Spiritualität
- Spirituelle Gewissheit

Die Anwendung von Meditationstechniken erlaubt das Training der zwei oberen Ebenen. Erst das Einlassen auf nichtrationale Phänomene schafft den Zugang zu tieferen Ebenen. Das Stufenmodell unterstützt den Prozess, schrittweise an Tiefe und Erfahrung zu gewinnen.

---

86 Brantschen, Niklaus: *Das Viele und das Eine,* S. 97

Spirituelle Aspekte in der Führung

Das oben erwähnte Eintreten in den Raum der Stille bildet die Basis für ein reifes Führungsverhalten. In entspannten und ruhigen Zeiten lässt sich eine gelassene Geisteshaltung gut kultivieren. In Konflikten oder turbulenten Veränderungsprozessen sind Führungskräfte erhöhten psychischen und physischen Belastungen ausgesetzt. Der Zugang zur inneren Stille wird dadurch massiv erschwert. Solche Situationen verlangen jedoch insbesondere ein reifes und geklärtes Führungsverhalten. Deshalb konzentriere ich mich im Folgenden auf den Umgang mit Konflikten und das Führen in Veränderungsprozessen.

Umgang mit Konflikten

In Konfliktsituationen werden vorgefallene Ereignisse mit persönlichen Bildern und Gefühlen angereichert. Aus dieser Perspektive interpretieren wir das Verhalten anderer, was wiederum die Wahrscheinlichkeit für destruktives Handeln erhöht. Die Konfliktparteien befinden sich dann in einer dynamischen Abwärtsspirale. Die Zen-Meditation unterstützt die Distanzierung von einengenden Emotionen. Was ist tatsächlich vorgefallen, welchen Anteil verantworte ich selbst und welche eskalierenden Gedanken und Gefühle addiere ich zur Situation hinzu? Der feste Griff eines Konfliktes kann sich durch das Seinlassen von verhärtenden Gedanken und Gefühlen lockern und wir gewinnen Freiheitsgrade zurück. Salzberg und Thurman[87] weisen darauf hin, dass der Feind im Kopf entsteht und es von Vorteil ist, wenn wir vor einer Begegnung mit der Streitpartei uns dieser Tatsache bewusst sind. Es geht nicht darum, völlig cool und abgeklärt durch die Welt zu schreiten. Emotionen sind natürlich. Dem Gegenüber gelingt es dadurch, die Wichtigkeit der Situation besser einzuschätzen. Ein zentraler Moment ist das Aufweichen destruktiver und eskalierender Gedanken und Emotionen, um so eine echte Begegnung zu ermöglichen. Aus der Stille können wir für die entsprechende Person Mitgefühl entwickeln und unseren Geist sänftigen. Wenn zudem eine Brise Humor mitschwingt, lösen sich manche Gewichte auf wundervolle Weise auf.

---

87   Salzberg, Sharon, Thurman, Robert: *Umarme Deinen Feind.*

Auch das Aufbringen von Mitgefühl für sich selbst kann blockierte Situationen entspannen. Das „Ja-Sagen" zu sich selbst und die Versöhnung mit dem eigenen Verhalten stellt oftmals eine notwendige Voraussetzung für die Versöhnung mit anderen Personen dar. Anna Gamma[88] regt zur Übung „das große Ja" an, eine sehr heilsamen Übung auf dem Weg zur inneren Meisterschaft. Beginnen wir jeden Morgen mit dem einfachen Wort „Ja" zu uns selbst und lassen es dann auch auf die Konfliktsituation wirken. Dadurch gewinnen wir Leichtigkeit und Freiheit zurück.

Umgang mit Veränderungen

Veränderungsprozesse sind im Zeitalter der Globalisierung und der Digitalisierung nicht mehr Zeiten mit Ausnahmecharakter, sondern werden immer häufiger zu einem Dauerzustand. Neue Veränderungsvorhaben werden angestoßen, bevor die aktuelle Veränderung abgeschlossen wurde. Deshalb wird der bewusste Wechsel zwischen Beschleunigung und Entschleunigung eine zentrale Führungskompetenz, die in Zukunft noch an Bedeutung gewinnen wird.

Ständig ändernde Rahmenbedingungen verlangen von Führungskräften ein erhöhtes Maß an Anpassungsleistung und Agilität. Auch im anspruchsvollen Tagesgeschäft ist ein offener Blick für Veränderungen und neue Tendenzen für die Überlebensfähigkeit einer Organisation wichtig. Während Zeiten des Wandels kommt zum Tagesgeschäft das Zukunftsgeschäft hinzu. Viele Teammitglieder verspüren dadurch einen enormen Druck. Dies verlangt Reflektion und den ehrlichen Kontakt zu verschiedensten Anspruchsgruppen. Auch wenn Führungskräfte eine Sicherheit in ihrem Handeln ausstrahlen sollten, ist das Hinterfragen der eigenen Prämissen permanent notwendig. Die eigene Art des Arbeitens steht dabei oft auf dem Prüfstand und wichtige Werte kommen zunehmend unter Druck.

Die Zen-Meditation schafft inmitten dieser Spannungsfelder eine Vertiefung und Reflektionsmöglichkeit, welche für eine erfolgreiche Veränderung entscheidend sein können.

---

88   Gamma, Anna: *Ruhig im Sturm.*

Führungskräfte und Mitarbeitende stehen immer wieder vor der Situation, jemanden oder irgendetwas loszulassen (z.B. ein Team, eine Funktion). Dies kann Trauer, Angst und Widerstand auslösen. In Situationen des unwiderruflichen Wandels ermöglicht uns das Loslassen eine erneute Zuwendung zur Zukunft. In der Meditation üben wir immer wieder dieses Loslassen und Seinlassen ein und öffnen uns dadurch für den aktuellen Moment und bleiben somit agil für die Zukunft.

Es ist allerdings nicht immer einfach zu erkennen, wann eine Veränderung unwiderruflich ist und wann eine Gegenposition Sinn macht oder sogar notwendig ist. Wie beim Umgang mit Konflikten erlangen wir durch die Stille das nötige Selbstbewusstsein und eine Unabhängigkeit, welche wir für eine klare Haltung benötigen. Die Handlungen sind authentisch, wenn die zugrundeliegenden Beweggründe geklärt sind und die eingenommene Position mit unseren Werten übereinstimmt. Die Umsetzung erfolgt dann in einer Art, ohne Vorstellungen, Gefühle und Werte von beteiligten Personen unreflektiert zu übergehen. Es gelingt dadurch, auf Missstände und Widersprüche hinzuweisen, ohne den Dialog vollständig abzubrechen.

Besonders für betroffene Mitarbeitende sind Zeiten der Veränderung sehr anspruchsvoll. Sie selbst besitzen oftmals wenige Gestaltungsmöglichkeiten in Veränderungsprozessen und können sich rasch desorientiert oder gar als Opfer fühlen. Wenn Orientierung von außen verloren geht, sollte der Zugang zur inneren Orientierung gestärkt werden. Die Zen-Meditation bietet hierfür den Raum für die notwendige Klarheit und Gelassenheit. Dadurch erhöht sich die Unsicherheitstoleranz und es kann in mehrdeutigen Situationen konstruktiv agiert werden.

Dass wir im Trubel des Alltags hin und wieder unsere Ideallinie verlassen und uns selbst in Widersprüchen verlaufen, sollte uns nicht daran hindern, bestehende Muster und Automatismen zu hinterfragen und diese aus der Perspektive der Stille und des Mitgefühls zu betrachten.

Mein persönlicher Weg

Manchmal erlebe ich mich im Einklang mit mir selbst und der Welt. In anderen Momenten erlebe ich das Gegenteil, und die spirituelle Gewissheit erscheint mir als ein allzu menschliches Wunschbild. Mein Alltag spielt sich zwischen diesen beiden Polen ab. Die Zen-Meditation stärkt die mitfühlende und liebende Seite in mir, rundet meinen Geist und erlaubt mir den Kontakt zu etwas Größerem.

Es gibt unzählige Menschen, die natürlich Zugang dazu haben, was ich durch Meditation entwickeln möchte. Als Individuum erlebe ich allerdings eine substanzielle Entwicklung im Leben und Ausdruck meiner Persönlichkeit, nämlich das große „Ja" zu anderen und zu mir.

Mein Weg: das für mich höchstmögliche Maß an Mitgefühl, Klarheit und Weisheit leben.

Ganzheitlichkeit als Programm und Einladung

Von Barbara v. Meibom

Erste Begegnung mit dem Lassalle-Institut-Modell

Die Konferenz ist in vollem Gange. Es geht um Spiritualität und Führung. Vertreter aus Wirtschaft, Politik, Wissenschaft und diversen spirituellen Schulen sind im Raum. So auch ich. Doch bei mir stellt sich eine gewisse Ermüdung ein. Die aus der Universität wohlbekannte Kopflastigkeit treibt auch hier ihr Unwesen. Es geht nicht in die Tiefe, erreicht nicht die Gefühle der Menschen, berührt nicht.

In einer Pause spreche ich mit Anna Gamma. Sie ist Referentin und verrät mir eine Idee. Sie hat die Atmosphäre im Raum ähnlich wahrgenommen, will die Menschen „aufmischen", sie in einen Erfahrungsprozess bringen. Ihr Thema ist das Lassalle-Institut-Modell, doch sie will es nicht einfach mit einer Power-Point-Präsentation abarbeiten, sondern die Anwesenden berühren, ganzheitlich mitnehmen. Ich kenne sie kaum, doch ich stimme begeistert zu. Was folgt? Die Anwesenden werden aufgefordert, sich thematisch im Raum zu positionieren, das jeweilige Feld, in dem sie sich aufhalten, zu spüren und daraus Rückschlüsse auf das Thema und ihren Bezug dazu zu finden. Die Atmosphäre wandelt sich deutlich. Etwas scheint bei diesen kopfgesteuerten Menschen angekommen zu sein.

Wer war die Frau und aus welchen Quellen schöpfte sie? Das war meine Frage. Die anschließende Begegnung mit Anna Gamma hat sowohl zu einer inspirierenden Freundschaft als auch zu einer anhaltenden Kooperation in der gemeinsam entwickelten Weiterbildung zum Spirituellen Coaching geführt.

Und last but not least hat sie mir zu tiefgreifenden Erfahrungen mit dem Lassalle-Institut-Modell verholfen. Es bot mir Antworten, nach denen ich damals intuitiv suchte.

Als Politik- und Kommunikationswissenschaftlerin hatte ich in dem universitären Diskurs ein beklemmendes Ungenügen gespürt. Der Versuch, gesellschaftliche und politische Phänomene mental zu erschließen und zu erklären, war aus meiner Sicht gescheitert. Das galt auch für die empirischen Methoden, mit denen man den Forschungsfragen beizukommen versuchte. Leben, Situationen, Systeme erschienen mir weitaus komplexer als das, was in der Forschung thematisch aufschien. Dementsprechend kurz griffen aus meiner Sicht die Ergebnisse. Was dort mit dem Anspruch auf Wahrheit präsentiert wurde, war eher das, was sich – empirisch – erforschen ließ, als das, was als Thema im Raum stand. Letzteres entzog sich gerade auch in den Sozialwissenschaften dem vorwiegend mentalen Zugriff. Es fehlte mir die persönliche Dimension, d.h. die Frage, wie im Speziellen Führungskräfte sich in den politischen Prozess einbringen. Die Beziehung zwischen dem Persönlichen und dem Politischen erwies sich aus meiner Sicht als völlig unerforscht, trotz des Slogans der 68er: „Das Private ist politisch". Und noch eines vermisste ich: die spirituelle Dimension im wissenschaftlichen Diskurs, wie beispielsweise Fragen und Antworten, die sich aus einer Verantwortung gegenüber der eigenen Gewissensinstanz ergeben.

Dieses Ungenügen hatte mich auf den Weg gebracht. Ich war auf der Suche nach der Wissenschaft, die wirkliches Wissen schafft. Was folgte, waren jahrzehntelange spirituelle Suchbewegungen, insbesondere in Indien, wo ich auf meinen Studienreisen in den spirituellen Kosmos dieses Subkontinents eintauchte. Zum anderen entwickelte ich mir ein zweites professionelles Standbein durch zahlreiche Ausbildungen in der transpersonalen und humanistischen Psychologie und Psychotherapie. Und schließlich entschloss ich mich zu einem drastischen Schritt: Ich verließ den sicheren Hort einer Universitätsprofessur, begab mich in die freie „Wildbahn", ausgestattet mit zwei „Koffern": einerseits mit einem wissenschaftlich geschulten Geist und andererseits mit einem spirituell-tiefenpsychologisch erweiterten Menschen- und Weltbild und darauf aufbauenden Fähigkeiten, wie ich diese in der Arbeit mit Menschen leben konnte.

In dieser Situation begegnete ich Anna Gamma, damals Leiterin des Lassalle-Instituts in Edlibach / CH. Meine Erfahrung war, dass die beiden Seiten meines Selbst zusammenzubringen keine einfache Aufgabe war. Entweder erwarteten die Menschen von mir die mental orientierte Wissenschaftlerin oder aber die Therapeutin / den Coach oder die Spirituelle Begleiterin. Das Lassalle-Institut-Modell, das ich rasch kennenlernte, weckte in mir die Hoffnung, aus diesem Dilemma leichter herauszukommen. Es zog mich an, weil in seinen drei mal drei Schritten eine Synthese der unterschiedlichen Intelligenzen (mental, emotional, spirituell), der unterschiedlichen Seins-Modi (Einzigartigkeit, Verschiedenheit, Einheit) und der unterschiedlichen Handlungsebenen (Mikro-, Meso- und Makroebene) aufschien.

Meine Hoffnung wurde nicht enttäuscht. Ganz im Gegenteil. In einer inspirierenden Kooperation entwickelten Anna Gamma und ich eine dreijährige Weiterbildung für Führungskräfte zum Spirituellen Coaching, die wir seit 2009 regelmäßig anbieten, zuerst im Rahmen des Lassalle-Instituts, dann im Rahmen des von Anna Gamma gegründeten Instituts „Zen und Leadership" in Luzern und inzwischen parallel mit einer anhaltenden vertrauensvollen Kooperation in Letzterem in der Schweiz und bei Comm**unio**-Institut für Führungskunst in Berlin. Wie nun wird diese Synthese sichtbar und wirksam? Zwei Beispiele sollen dies im Folgenden anschaulich machen.

Jerusalem – ein Ort des Lernens

Die Ausbildungsgruppe trifft sich um ersten Mal in ihrem Domizil in der Altstadt von Jerusalem. Es ist die Auftaktveranstaltung im dritten Jahr der Weiterbildung, das der Makroebene gewidmet ist. Jerusalem als Ort des Lernens zu wählen, ist von uns wohlüberlegt. Wie an wenigen Orten der Welt kann man hier das Zusammenwirken aller neun Ebenen hautnah erleben. Was sich in den Familien – intergenerational und gegenwärtig – abspielt, hat unmittelbare Rückwirkungen auf das Handeln in Politik und Gesellschaft in Israel und Palästina. Doch nicht nur dies. Es überschattet die Entwicklungen im Nahen Osten, ja sogar weltweit. Und umgekehrt gilt dasselbe: Die jahrhundertealte

Exoduserfahrung der Juden, der Holocaust, Kolonialismus und Kolonialpolitik wirken bis heute in das Gewebe der Gesellschaft, entladen sich in Angst, Hass, Aggression und militärischer Gewalt. Das Private (die Mikroebene) erweist sich als wirkmächtig bis hin zur globalen Ebene und umgekehrt.

Sich dieser hochkomplexen Situation zu nähern und sich auf Begegnungen mit Menschen aus beiden Volksgruppen einzulassen, fordert jeden einzelnen auf, sich der eigenen Gedanken und Gefühle zu stellen. Und es fordert dazu auf, die Verschiedenheit auch in der Unversöhnlichkeit nicht nur zu sehen, sondern auch zu würdigen. Als Deutsche weiß ich nur zu gut, dass man es an diesem Ort, wenn man den Mund aufmacht, nur falsch machen kann. Konfrontiert bin ich mit zwei Opferdiskursen – Israelis und Palästinenser –, die um Zustimmung nach innen und außen ringen. Als Angehörige des „Tätervolks" bin ich außerdem keinen Moment sicher vor einer etikettierenden Bewertung. Meine Haltung des „not knowing" als spirituelle Tugend und Basis von Verständigung wird hier von Moment zu Moment neu eingefordert. Ich kenne dies inzwischen, doch für die Gruppenmitglieder ist es neu. Trotzdem bleibe ich mental, emotional und spirituell gefordert, wie jedes andere Gruppenmitglied auch.

Vor uns liegt ein dichtes Programm mit Begegnungen, sowohl in Jerusalem als auch in der Westbank, mit jüdischen und muslimischen Bewohnern von Jerusalem und mit Palästinensern jenseits der meterhohen Mauer, mit der die israelische Politik meint, sich vor den Menschen in den besetzten Gebieten schützen zu müssen. Die Gruppe kommt aus Deutschland und der Schweiz. Gebiet und Politik kennt sie nur aus der Medienberichterstattung. Doch Meinungen bringen die einzelnen mit, entschiedene Meinungen. In der Einstiegsrunde werden sie hörbar, sichtbar, fühlbar. Da äußern sich Abwehr, unverhohlene Wut, deutliche Bewertungen dessen, was als richtig und falsch angesehen wird. Wir sind im dritten Jahr der Weiterbildung, doch hier – in einem Hotspot der Politik – scheinen bei vielen der Anwesenden alle Emotionen und mentalen Konzepte freien Lauf zu haben. Der Weg der geistigen Schulung, der Abkehr von der Entweder-Oderitis hin zu einer Multiperspektivität oder gar zu einem Wissen um die Einheit alles Lebendigen, scheint sehr weit entfernt zu sein.

Doch der Anfang ist bald gemacht. Er geht bei einzelnen einher mit einem Erschrecken über die Intensität der eigenen Gefühle. In Meditation und Wir-Runden gelingt es einigen, Zeuge zu werden der eigenen Emotionen und Gedanken. Die zahlreichen Begegnungen tun ein Weiteres dazu. Es gibt nicht nur *ein* Narrativ, das an diesem Ort gehört werden will, sondern mindestens zwei gegensätzliche, das der Palästinenser und das der Israelis. Doch jedes dieser Narrative hat unzählige Untervarianten: Ein liberaler Jude ist dem orthodoxen Juden mit Löckchen, schwarzem Rock und eiligem Schritt, den Talmud in der Hand, mindestens so fern wie der fanatisierte jüdische Neu-siedler und der gewaltbereite Palästinenser, der sich in seiner Existenz bedroht sieht. Jedes Narrativ hat seine Wahrheit, verlangt achtsame Zuwendung. Es ist eine Zuwendung, die tiefer geht als emotional begründete Empathie. Sie setzt ein Ja zum Menschen voraus, ohne Wenn und Aber, selbst wenn die Beweggründe nicht geteilt werden. Auch die mentale Intelligenz muss zum Zuge kommen, z.B. in dem Versuch, hinter die Opfernarrative zu kommen, die Mittäterschaft auf beiden Seiten und auch die des eigenen Kollektivs zu erkennen und zu bezeugen und so frei von einseitigen Vereinnahmungen und Verurteilungen zu werden.

Die Wirkungen eines solchen ganzheitlichen Lernprozesses, bei dem das LIM-Modell immer wieder wie ein Referenzrahmen und eine Suchsonde dient, sind für jede und jeden einzigartig. Für alle ist es ein Ablegen von Vor-Urteilen, von Urteilen, die aus einer engen, voreingenommenen Perspektive stammen. Doch was das im Einzelnen heißt, ist so einzigartig und zugleich verschieden wie die TeilnehmerInnen der Gruppe: Bei einem ist es die Versöhnung mit der Nazivergangenheit in der Familie, bei einer anderen ein neuer, frischer Blick auf die Nahostberichterstattung, beim dritten der intensive Wunsch, Leader-ship unter den jungen Palästinensern zu fördern. Oder es ist ein neuerwachtes Gefühl der eigenen Klarheit, Stärke, Einsichts- und interkulturellen Vermitt-lungskompetenz. Wo die Bewegungen im Gemüt zu stark werden, wo das Den-ken in die völlige Verwirrung führt, helfen Meditation und der Austausch in der Runde. Beides gibt Schutz, auch mit den eigenen Schattenseiten achtsam und liebevoll umzugehen und sich langsam und beharrlich für das Wissen darum zu öffnen, dass wir alle EINS sind, dass Frieden aus dieser Haltung erwachsen kann und dass jede und jeder in diesem Sinne zum Botschafter des

Friedens werden kann. Wo dies gelingt, schließt sich der Kreis: Die neun Ebenen, die das Lassalle-Institut-Modell anspricht, führen in eine neue Sicht und lebensbejahende Synthese, schaffen eine Grundlage für Verstehen, Frieden, Versöhnung.

„Zwei Seelen, ach, in meiner Brust!"

Für mich persönlich hatte die Begegnung mit dem Lassalle-Institut-Modell und Jerusalem noch andere weitreichende Folgen. Beide konfrontierten mich damit, dass auch ich in mir eine weitere Synthese wagen und vollziehen müsse: Walk your talk! Lebe, was du lehrst! Ich kam zu der Erkenntnis, dass ich meine beiden „Seelen" – die Politikwissenschaftlerin und die Frau, die gelernt hatte, mit Menschen an ihrer seelisch-geistig-spirituellen Entwicklung zu arbeiten, – versöhnen musste. Ich fühlte mich aufgerufen, mein uraltes Thema – *Wie sind die Deutschen mit der Erfahrung des Nationalsozialismus umgegangen und wie wirkt dies bis heute nach?* – aus der ganzheitlichen Sicht heraus neu aufzugreifen, die ich mir inzwischen zu eigen gemacht hatte. Das Ergebnis dieser Aufforderung war für mich, meinen beschaulichen Lebensort am schönen Baldeneysee an den Ausläufern des Bergischen Landes aufzugeben, in die Hauptstadt Berlin zu ziehen und nach einem Ansatz zu suchen, wie ich (Politik- und Kommunikations-)Wissenschaft einerseits und die Kenntnisse der menschlichen Beweg- und Abgründe zu einer neuen Synthese bringen könne. Ich wusste, kein Ort der Welt würde mich dabei besser unterstützen als Berlin, wo die Geschichte auf Schritt und Tritt lebendig wird.

Das Ergebnis dieser Suchbewegung war vielfältig: Rasch startete ich mit Gleichgesinnten einen Spirituellen Salon in Berlin, der inzwischen mehr als sechzig Mal stattgefunden hat. Die Themen bewegen sich auf allen drei Ebenen des Handelns (Mikro-, Meso-, Makroebene). Dabei kommen die drei Intelligenzen (mental, emotional, spirituell) ins Spiel. Und zugleich wird in der Praxis des offenen Dialogs in diesen Runden das Bewusstsein gestärkt für die jeweilige Einzigkeit, für die bereichernde Vielfalt des Lebendigen und für die Einheit, die Grundlage unser aller Existenz.

Gleichfalls inspiriert hat mich dieser Ruf, die beiden Seelen in meiner Brust zu einer heilsamen Synthese zu bringen, zu einem Buch mit dem Titel *„Deutschlands Chance. Mit dem Schatten versöhnen*[89]*"*. Hier nähere ich mich dem Phänomen des Nationalsozialismus aus einer tiefenpsychologischen Sicht. Bei diesem Gang durch den Schatten richte ich mich auf die lichten, dem Leben zugewandten Seiten im deutschen „Sozialcharakter" (Fromm) und ermutige zu einer lebensbejahenden Führungskunst von sich und anderen. Im Jahr 2014 folgte hierauf eine Konferenz (Durchführung in Kooperation mit Heiner Max Alberti und Thomas Steininger) zum Thema *Aussöhnen mit Deutschland*, in dem das Lassalle-Institut-Modell Pate gestanden hat: Wir suchten bei diesem schwierigen Anliegen einen Gleichklang von Wissenschaft, Kunst und Spiritualität, so dass die mentale, emotionale und spirituelle Intelligenz gleichermaßen angesprochen werden. Wir wollten uns der Verantwortung für menschliches Handeln im Kleinen wie im Großen stellen. Und wir wussten, dass sich jede und jeder dieser Aufgabe in einzigartiger Weise auf dem Hintergrund der Vielfalt von Erfahrungen, Sichtweisen und Hintergründe stellen muss. Nur so kann es gelingen, sich für die Einheit alles Lebendigen zu öffnen.[90]

Solche Aktivitäten greifen die Einladung des Lassalle-Institut-Modells auf: die eigene Einzigartigkeit erkennen und bejahen, die Vielfalt aller Dinge und Wesen achten und um die Einheit aller Existenz wissen. Solche Hinwendung zu sich selbst, zum Du und zum Wir erlaubt, sich der Komplexität des Seins aus einer ganzheitlichen Perspektive zu stellen und daraus lebensbejahende Impulse für Denken, Fühlen und Handeln zu gewinnen – im privaten Alltag ebenso wie im Leben von Organisationen und Nationen und als Kinder dieser verletzbaren Erde.

---

89 Meibom, Barbara von: *Deutschlands Chance.*
90 www.aussoehnen-mit-deutschland.de

Elementares Bewusstsein
Oder: Die Weisheit des Körpers

Die Erinnerung geht viele Jahre zurück. In einer intensiven Auseinandersetzung warb ich in mehreren Gesprächen mit Pia Gyger und Niklaus Brantschen darum, eine weitere Intelligenzform in das Modell aufzunehmen. Damals noch ohne Erfolg. Doch heute sieht es auch Niklaus Brantschen anders. In der Weiterentwicklung des LIM nenne ich es neu LIMplus.

Die psychosomatische Medizin ist vertraut mit der Wechselwirkung von Körper und Seele, von psychosozialen Faktoren, die uns auch körperlich krank machen können. Fachkliniken sind in den letzten Jahrzehnten entstanden, in denen Patientinnen und Patienten sowohl medizinisch wie auch psychotherapeutisch begleitet werden. Wenn ich von der Weisheit des Körpers spreche, denke ich jedoch noch an eine andere Dimension des Bewusstseins. Sie liegt tiefer, weder dem Alltagsbewusstsein noch dem logisch-rationalen Verstand unmittelbar zugänglich.

Bereits Teilhard de Chardin spricht im Blick auf die Entstehung und Entwicklung der Materie der Kosmogenese vom elementaren Bewusstsein.[91] Er postuliert, dass auch in den kleinsten Materieteilchen ein elementares „Innen", ein fragmentiertes „Wissen", wirksam ist. Elementarteilchen „wissen", ob sie zusammenpassen oder nicht. Ohne dieses ordnende Prinzip wären keine Atome entstanden und die Materie hätte sich nicht so weit differenziert, dass auf unserem Planeten Leben möglich geworden wäre. Das elementare Bewusstsein befindet sich auf einer Ebene, die jenseits des selbstreflexiven Denkens des Menschen liegt. Auch die Zeiträume der Kosmogenese, in dem das elementare Bewusstsein in der Evolution allein wirksam war (und heute immer noch wirk-

---

91   De Chardin, Teilhard P.: *Der Mensch im Kosmos,* S. 48

sam ist!), sind unendlich lang, für den Menschen kaum fassbar. So bildeten sich die ersten Sterne erst eine Milliarde Jahre nach dem Urknall. Unser Sonnensystem entstand vor etwa 4,7 Milliarden Jahren. Erst vor ca. 3,7 Milliarden Jahren war die Komplexität der Materie auf unserem Planeten so weit fortgeschritten, dass Leben, erste einfache Zellen entstehen konnten. Noch immer können die Nuklearphysiker dieses geheimnisvolle und gleichzeitig fundamentale Bewusstsein nicht umfassend ergründen. Es scheint, dass Mystiker auf dem Weg der Innenschau diesem unerklärlichen Geschehen näher gekommen sind als die Naturwissenschaftler. So schreibt etwa der deutsche Mystiker Meister Eckehart: „Es ist eine Kraft in der Seele, die ist weiter als diese ganze Welt. Es muss gar weit sein, worin Gott wohnt"[92]

Mit der Weisheit des Körpers bin ich unerwarteterweise in Einzelgesprächen mit Zen-SchülerInnen in Berührung gekommen. Und dies kam so: In der Zen-Schulung meiner Tradition wird mit paradoxen Geschichten, sogenannten Koans, gearbeitet. Sie haben zum Ziel, die Ebene des Alltagsbewusstseins, der Erinnerungen und Gedanken zu durchbrechen und einzutauchen in einen grenzenlosen, leeren Bewusstseinsraum. Aus diesem Erfahrungsraum tauchen Lösungen ganz spontan auf. In den Einzelgesprächen entdeckte ich immer häufiger, dass die Schüler zwar meinten, die Antwort auf die Geschichte noch nicht gefunden zu haben, ihr Körper jedoch nicht selten eine spontane Bewegung zeigte, die der traditionellen Antwort entspricht. Der Hinweis von mir genügt meistens, die Bewegung des Körpers noch einmal achtsam auszuführen. Das Ergebnis ist regelmäßig ein strahlendes Gesicht und ein Staunen, dass der Körper zu Erkenntnissen kommt, die jenseits unseres gutgeschulten Geistes liegen.

Einen weiteren Hinweis auf die Weisheit des Körpers bemerkte ich bei Übungen zur Intuition. In unserem Körper sind vielfältige Erinnerungen gespeichert: Erinnerungen an unsere persönliche Vergangenheit, aber auch an die Vergangenheit unserer Vorfahren, an die Entwicklung der Menschheit und allen Lebens. Dieses Wissen taucht manchmal spontan auf, erscheint gelegentlich bedrohlich, insbesondere dann, wenn die Erkenntnisse nicht ins bewusste Welt- und Menschenbild passen wollen.

---

92   In Döll, Ermin (Hrsg.): *Der Weg der Meister,* S. 207

Ich habe mir vorgenommen, dem Körper und seiner innewohnenden Weisheit in den nächsten Jahren vermehrt auf der Spur zu sein, und vielleicht entsteht daraus ein nächstes Buch.

Danksagung

Ohne die Begegnung und die langjährige Zusammenarbeit mit Pia Gyger, meiner wichtigsten Lehrerin, und Niklaus Brantschen, meinem wichtigsten Lehrer, hätte dieses Buch nie entstehen können. In der Blütezeit unserer Arbeitsgemeinschaft hatten wir uns gegenseitig ermutigt und inspiriert, in der Liebe zur Tradition neue Wege zu gehen. Obwohl Pia Gyger bereits gestorben ist, bin ich mit ihr und ihrem visionären Geist, gerade auch über das Schreiben dieses Buches, immer wieder in einem liebevollen, anregenden Kontakt. Und mit Niklaus Brantschen verbindet mich eine tiefe, tragende Freundschaft, auch wenn wir beruflich nicht mehr so wie früher eng zusammenarbeiten.

Dieses Buch verdanke ich auch meinen Kollegen, Mark Saxer und Prof. Dr. Jan Dirk Rosche, die mit mir zusammen auf der Grundlage des Lassalle-Institut-Modells den Lehrgang „Geist & Leadership" entwickelt und über Jahre mit viel Freude geleitet haben. Prof. Dr. Barbara v. Meibom gilt ein besonderer Dank. Wir haben gemeinsam einen „Lehrgang zum Spirituellen Coaching" in kreativer Kooperation aufgebaut und gemeinsam geleitet. Ich danke auch all den Teilnehmenden in den Seminaren und Lehrgängen, die mich in meiner persönlichen und fachlichen Weiterentwicklung herausgefordert und gefördert haben. Wer im Lehrberuf tätig ist, weiß, dass man dann am meisten lernt, wenn man Lehrstoff vermitteln darf.

Ein weiterer Dank geht an die Mitbewohnerinnen und Mitbewohner der kleinen spirituellen Wohngemeinschaft in Luzern, in der ich lebe. Maria-Christina Eggers, Bernadette Vögele, Gerhard Hüppi und Liliane Bebler haben nicht nur das Manuskript gelesen und mit ihren Fragen und Kommentaren geholfen, den Text zu verfeinern und zu verbessern. Sie haben mich auch mitgetragen und Verständnis gezeigt, wenn ich bei Tisch nicht wirklich präsent und mit meinen Gedanken bereits wieder am Schreiben war. Veronika Filyo-Pérez danke ich für das sorgfältige Korrekturlesen.

Ein letzter Dank gilt Werner Vogel, dem Verleger. Er hat mich im Anschluss an einen Vortrag, den ich auf einem Kongress in Deutschland gehalten habe, angesprochen und mich eingeladen, ein Buch zu schreiben, das er gerne veröffentlichen würde. Sein stetes Werben hat mich durch die verschiedenen Phasen des Schreibens hindurch getragen.

Möge dieses Buch dem Untertitel entsprechen und viele Menschen ermutigen, in der wachsenden Komplexität und Beschleunigung der heutigen Zeit ihre Persönlichkeit weiterzuentwickeln. Möge es zudem Orientierungshilfe sein, eben eine Landkarte für ein sinnerfülltes, aktives und zukunftsoffenes Leben.

Anhang

Spirituelles Journal – «Impulse aus der Quelle» Methode und Anleitungen

Herkunft und Form der Methode

Pia Gyger entwickelte das Spirituelle Journal als Instrument, mit allen drei Intelligenzformen ganzheitlich innere und äußere Impulse und Informationen aufzunehmen und ziellos-zielorientiert zu verarbeiten. Im Unterschied zum gewohnten logischen und rationalen Lernen werden Informationen, Impulse, Erfahrungen, Fragen, Bilder etc. unzensiert zu Papier gebracht. Aus den Stichworten, Sätzen, Gefühlen, Skizzen und Zeichnungen, die beim Hören nach innen und außen entstehen, werden zum Abschluss der Übung eine positive Affirmation und eine Deklaration für den Alltag entwickelt.

Das Spirituelle Journal ist sowohl ein Begleiter durch Seminare und den Alltag als auch ein wirkungsvolles Instrument, um in komplexen Situationen nachhaltige Lösungen zu finden. In den Seminaren erkennen die Teilnehmenden durch diese Methode, wie sie zu Vorträgen, Übungen, Kursprozessen und inneren Impulsen mental ebenso wie emotional und spirituell in Resonanz stehen. Sie erfahren ihr kreatives Potenzial. In der Auswertung wird dieses Potenzial fokussiert. Damit können entscheidende Entwicklungsprozesse initiiert und gefördert werden. Außerhalb von Seminaren eignet sich das Spirituelle Journal für die ganzheitliche Bearbeitung von unternehmerischen und persönlichen Fragen und Themen.

Ziel

Das Spirituelle Journal bezweckt eine ganzheitliche Aufnahme und Verarbeitung von Impulsen und Informationen mit dem Ziel, das kreative Potenzial im Lernprozess und bei der Umsetzung des Gelernten zu nutzen.

Nutzen

- Der Zugang zum kreativen Potenzial wird erschlossen.
- Es wächst Vertrautheit im Umgang mit allen Intelligenzformen in komplexen Lern- und Handlungsfeldern.
- Affirmationen stärken die Selbstkompetenz.
- Deklarationen unterstützen den persönlichen Transformationsprozess und werden zur Zielvorgabe für die Umsetzung in den Arbeitsalltag.

Anleitungen zu den einzelnen Arbeitsschritten

Einführung

Wir sind gewohnt, mental zuzuhören und uns Notizen zu machen, die möglichst genau wiedergeben, was wir hören. Die meisten von uns haben in ihrer Schullaufbahn gut gelernt, logisch zu denken, Wichtiges von Unwichtigem zu unterscheiden, Widersprüche aufzulösen und Emotionales vom Lernstoff zu trennen.

Mit dem spirituellen Journal zu arbeiten, bedeutet, die kognitive Kompetenz zu schätzen und mit den anderen Intelligenzformen, die emotionale und die spirituelle, ins Spiel zu bringen. Durch ein ausgewogenes Würdigen und Ansprechen der drei Intelligenzformen finden wir Zugang zu neuen Formen des Lernens und Verstehens, aber auch zu alten, die seit der Aufklärung immer mehr in den Hintergrund gerückt sind. Beispielsweise galt bis ins Mittelalter das Lernen über Analogien als zentrale Form des Verstehens.

Mit diesem unendlichen Raum von Kreativität, Wissen und Weisheit können wir uns verbinden, wenn wir nach innen und außen achtsam hören. Wir hören dann nicht mit dem gewohnten Raster, das Wichtiges, Richtiges und Gutes zu fixieren und alles andere auszuscheiden versucht. Wir hören ohne Zensur und lassen zu, schreiben auf, was bei uns tatsächlich ankommt an Informationen, Gefühlen, Bildern, tiefen Erfahrungen, Gedanken, Erinnerungen. Und wenn die Zensur kommt oder ein Widerstand, dann schreiben wir eben Zensur oder Widerstand auf.

In einem spirituellen Journal können viele Elemente einfach nebeneinander stehen, wie beispielsweise:

- Einzelne Sätze, die mich berühren
- Müdigkeit als Stichwort zur Befindlichkeit während einer Seminareinheit
- Ärger über das Chaos, das im ganzheitlichen Wahrnehmen entsteht
- Ein Satz zu einem Gedankenausflug in den Unternehmensalltag
- Freude über die Ruhe, die entsteht
- Ein Bild zur Erfahrung der inneren Kraftquelle

(Die Anleitung ist in der Weise formuliert, dass sie in einem Seminar vorgetragen werden kann). Wir werden Sie nach Vorträgen oder Übungen immer wieder einladen, das Journal zur Hand zu nehmen. Wir ermutigen Sie aber schon jetzt, kreativ mit diesem Instrument umzugehen: Schreiben Sie, wenn Sie den Impuls dazu spüren, wenn Sie nicht wissen, wie es weitergeht, wenn Sie verunsichert sind oder – im Gegenteil – Kraft und Kreativität erfahren. Lassen Sie sich überraschen!

In der letzten Arbeitseinheit des Seminars werden wir uns Zeit nehmen, das Journal sorgfältig auszuwerten. Es ist ein wichtiges Instrument für den Transfer in Ihr Berufs- und Privatleben. Sie werden das Journal zuerst für sich selber in fünf Schritten auswerten und Ihre eigenen, für Sie genau passenden Affirmationen entwickeln. Anschließend ist Raum für drei, vier Teilnehmende, die dies möchten, ihre Affirmation und Deklaration im Plenum zu überprüfen und, wenn nötig, zu schärfen.

Einführung zur Auswertung (persönlich, Ausblick in die Plenumsphase)

Sie haben nun Ihr Spirituelles Journal vor sich liegen. Es ist wahrscheinlich eine Sammlung unterschiedlichster Wörter, Zeichen und Bilder. Es ist Ausdruck Ihrer Fähigkeit, ganzheitlich zuzuhören. Es ist Ausdruck Ihres kreativen Potenzials. Wir werten diese Auslegeordnung in fünf Schritten aus. Auch in diesen Schritten lassen wir uns leiten. Auch hier werten wir nicht; es geht auch hier nicht um richtig und falsch, gut oder schlecht.

1. Schritt: Alle entwicklungsfördernden Elemente farbig unterstreichen

Sie haben verschiedenfarbige Stifte zur Verfügung und sind eingeladen, sich zwei auszusuchen. Mit dem einen Stift unterstreichen Sie dann die entwicklungsfördernden Elemente, also jene Sätze, Wörter oder Zeichen, die Ihnen Kraft geben. Zum Beispiel:

- Freude
- Jetzt bin ich ganz da.
- Für das Fehlende da sein
- Verbundenheit
- Ich höre eine Vogelstimme.
- Das Chaos macht Spaß.

2. Schritt: Alle entwicklungshemmenden Elemente farbig unterstreichen

Wenn Sie damit durch sind, dann nehmen Sie die andere Farbe zur Hand und unterstreichen die entwicklungshemmenden Elemente. Zum Beispiel:

- Ich mag nicht mehr zuhören.
- Kälte
- Ein Teilnehmer geht mir auf die Nerven.
- Terrorismus

- Ich kritisiere ständig an mir herum.
- Das ist Manipulation!

Es kann vorkommen, dass Sie bei einem Element beide Energien spüren; dann unterstreichen Sie es mit beiden Farben.

3. Schritt: Die unterstrichenen Elemente je in eine Spalte der Auswertungsbögen eintragen

Schreiben Sie nun die Elemente, die sie markiert haben, untereinander. In einer Spalte sehen Sie dann alle entwicklungsfördernden Elemente vor sich, in der anderen die entwicklungshemmenden.

4. Schritt: Je eine positive Affirmation bilden

Eine Affirmation ist eine positiv gehaltene, möglichst selbstverstärkende Aussage, die als freie, selbstgewählte Selbstkonditionierung wirkt.

Affirmationen bestehen aus folgenden Kriterien:
1. Sie sind persönlich und in Ich-Form verfasst.
2. Sie sind positiv.
3. Sie werden in der Gegenwartsform formuliert.
4. Sie sind emotional.

Konzentrieren Sie sich auf eine der Spalten und schauen Sie, wo es Sie am meisten hinzieht. Gibt es ein Thema, das immer wieder auftaucht? Oder springt Ihnen jetzt ein einzelnes Element ins Auge? Lassen Sie sich führen. Lassen Sie zu, dass ein Element eine besondere Bedeutung bekommt, dass sich etwas verdichtet. Hören Sie dort genau hin: Wie lautet aus dem, was Sie entdecken, der positive Satz? Zum Beispiel:

- Ich beheimate mich in der Komplexität.
- Ich erfreue mich an der Vielfalt.

- Ich habe ein großes Potenzial in mir.
- Ich lasse Altes los und gewinne Neues.

Diese entwicklungsfördernden Affirmationen lassen sich auf Kurzformeln reduzieren, die mit „Ich bin …" beginnen und so lauten können: „Ich bin Komplexität". „Ich bin Vielfalt". „Ich bin Beziehung". Die Formulierung, „Ich bin…" ist gewöhnungsbedürftig, da (noch) nicht Alltagssprache. Solche Affirmationen lassen sich einfach memorieren. Sie stärken in hohem Maße Selbstbewusstsein und Selbstkompetenz.

Verfahren Sie nun gleich mit der anderen, negativen Spalte. Auch hier finden Sie Ansatzpunkte für eine positive Affirmation. Lassen Sie sich auch hier führen. Vielleicht bleiben Sie am Wort „Trauer" hängen. Dann können Sie beispielsweise mit dem hermetischen Prinzip der Polarität arbeiten und schauen, was für Sie am anderen Ende der Skala steht. Ist es Freude? Oder Zuversicht? Dann könnte eine Affirmation sein: „Ich bin Freude", oder: „Ich begrüße jeden Tag mit Zuversicht". Möglicherweise lässt sich diese Trauer nicht umwandeln. Dann könnte Ihre Affirmation das Annehmen sein und so lauten: „Ich umarme meine Trauer".

Hinweise zur Übung mit Affirmationen:
1. Sie wirken am stärksten im Zustand der Entspannung.
2. Sie bedürfen der wiederholten Bestätigung, bis sie integriert sind.

5. Schritt: Eine Deklaration formulieren

Deklarationen bereiten das Feld, dass das Unmögliche möglich wird und dass die Möglichkeit zur Wirklichkeit wird. Damit gestalten wir unser Leben und die Welt. Ein konkretes Ergebnis wird in den Blick genommen. Eine Deklaration lebt von der Kraft der Gedanken und der Worte – und der Wiederholung. Mit einer Deklaration gestalten wir das Heute und das Morgen.

Im Blick auf die Themen im Spirituellen Journal entscheiden Sie sich für eine Veränderung, die in Ihrem Leben ansteht. Formulieren Sie dazu eine Deklaration.

Kernelemente einer Deklaration sind:

1. Sie ist eine verbindliche Absichtserklärung, die mit den Worten beginnen kann: Ich bin bereit…
2. Sie ist eine Selbstverpflichtung und beginnt: Ich will.., Ich bin bereit…
3. Sie bestimmt eine positive Handlung oder definiert ein konkretes Ergebnis.

Beispiele:

- Ich bin bereit, das Wir-Gefühl in meinem Team zu stärken.
- Ich bin bereit, ko-kreative Prozesse zuzulassen und zu fördern.
- Ich bin bereit, der Evolution zu dienen.

6. Schritt: Auswertung in der Gruppe

In der Auswertungsrunde kann die Gruppe als Resonanzraum genutzt werden. Die Mitglieder geben Rückmeldung, ob eine Affirmation oder Deklaration wirklich stärkt oder ob eventuell eine neue Formulierung gefunden werden muss.

Grundlagen zum «Lassalle-Institut-Modell»®

93

Leitlinien für eine spirituell fundierte Dialog-, Beratungs-
und Unternehmenskultur

Pia Gyger und Niklaus Brantschen, 2007

Worum es geht

Je ganzheitlicher die Welt- und Selbstwahrnehmung ist, desto umfassender sind
die Antworten auf die drängenden Probleme unserer Zeit (soziale Ungerechtigkeit, strukturell bedingte Arbeitslosigkcit, ökologische Krisen).

Die Frage, von der sich das Lassalle-Institut leiten lässt, lautet deshalb: Wie
können Menschen aus ihrer konditionierten Denk- und Verhaltensstruktur
befreit, zu tieferer Selbst- und Welterfahrung geführt und zu verantwortungs-
vollerem Handeln befähigt werden? Das Team des Lassalle-Instituts ist überzeugt, dass eine Antwort auf diese Frage eine Vorgehensweise (Modus proce-
dendi) mit folgenden Elementen benötigt:

---

93   Kalligraphie von SUSA

- Die mentale, emotionale und spirituelle Intelligenz gleichmäßig entfalten helfen
- Die Einsicht vermitteln, dass Einheit, Verschiedenheit und Einzigartigkeit zur Seinsstruktur von Mensch und Welt gehören
- Zu verantwortlichem Handeln auf individueller (Mikro-), institutioneller (Meso-) und globaler (Makro-) Ebene befähigen

Umsetzung

Motto: „Warum greift ihr nicht in euer eigenes Gut?
Ihr trägt doch alle Wahrheit wesenhaft in euch."
(Meister Eckehart)

Probleme der Welt als Spiegel unseres Bewusstseins:

Die uns bedrängenden gesellschaftlichen und weltpolitischen Probleme sind Ausdruck und Spiegel des vorherrschenden Bewusstseinszustandes der Menschheit. Sie können nicht mit jener Geisteshaltung gelöst werden, die diese Probleme geschaffen haben. Um wirklich Neues zu schaffen, ist es unerlässlich, alte Denk- und Verhaltensweisen zu ersetzen durch innere Offenheit, durch Vertrauen in das schöpferische Potenzial der Menschen, durch achtsames Wahrnehmen der „Zeichen der Zeit" und durch den Mut, sich jenem „schöpferischen Chaos" auszusetzen, das jede echte Wandlung einleitet.

Hier setzt das LASSALLE-INSTITUT Zen, Ethik, Leadership und das von ihm geschaffene «Lassalle-Institut-Modell»® ein.

Zielgruppe des Lassalle-Instituts:

Das Lassalle-Institut richtet sich an Führungskräfte in Wirtschaft, Politik und anderen Bereichen der Gesellschaft. Sein Schwerpunkt liegt in der Vermittlung einer Ethik aus spiritueller, ganzheitlicher Sicht.

158

Das «Lassalle-Institut-Modell»®:

Das «Lassalle-Institut-Modell»® orientiert sich an Erkenntnissen des evolutiv-holistischen Weltbildes wie auch an den Erfahrungen der großen Weisheitstraditionen. Die Einsicht, dass in jedem Organismus eine evolutive Drift zur Selbsttranszendenz, zum Übersteigen des Status quo wirksam ist, gehört ebenso zur Grundlage des Modells, wie die Einsicht, dass der Mensch ein Werde-Wesen ist, sich selbst gegeben und aufgegeben.

Fazit:

Das «Lassalle-Institut-Modell»® hilft, Vertrauen in unser eigenes und in das Potenzial der Menschheit zu setzen, dieses Potenzial zu entfalten und so zu mehr Gerechtigkeit, Frieden, Kreativität und Freude in der Welt beizutragen.

Mentale, emotionale und spirituelle Intelligenz

Worum es geht

Die Fähigkeit, zu unterscheiden und logisch zu denken, die mentale Intelligenz also, ist eine Frucht der Evolution, auf die wir nicht verzichten können. Doch es lässt sich nicht übersehen, dass die einseitig entwickelte mentale Intelligenz („Ich denke, also bin ich" des René Descartes) wie ein Parasit auf Kosten anderer für das Leben und Wirken ebenso notwendiger Fähigkeiten wuchert. In dieser Situation ist eine Haltung erforderlich, die sich nicht im objektivierenden rational-dualistischen Denken und im Habenwollen erschöpft, sondern sich vom Haben zum Sein, vom Kopf zu einem ganzheitlicheren Wahrnehmen bewegt. Nicht „Kopflosigkeit" ist dabei das Ziel, sondern die Ergänzung des mentalen Bewusstseins durch die Kräfte unseres Gemüts.

Spätestens seit Daniel Golemans Untersuchungen zur Emotionalen Intelligenz[94] wissen wir, dass auch das gefühlsmäßige Erleben eine Form der Erkenntnis ist. Heute sind Führungskräfte gefragt, die über eine Verbindung von mentaler (IQ) und emotionaler (EQ) Intelligenz verfügen.

In den Seminaren und Beratungsangeboten des Lassalle-Instituts lernen Führungskräfte deshalb auch ihre Ängste, Sorgen, Sehnsüchte und Hoffnungen, ja auch ihre Träume zuzulassen.

Neben dem IQ und dem EQ wird in Zukunft noch ein anderes Q im Anforderungsprofil einer Führungskraft eine zentrale Rolle spielen, der SQ: die Spirituelle Intelligenz. Diese dritte Form der Intelligenz lässt uns Zusammenhänge sehen, neue Möglichkeiten des Denkens und des Seins entwickeln und Sinn erfahren.[95]

---

94 Goleman, Daniel: *Emotionale Intelligenz,.*
95 Zohar, Donah, Marshall, Ian SQ: *Spirituelle Intelligenz.*

Alle drei Formen der Intelligenz sind Aspekte der einen menschlichen Fähigkeit, sich und die Welt zu sehen, zu verstehen und zu gestalten. Diese eine und dreifaltige Intelligenz schließt alle anderen Intelligenzformen ein, auch die sogenannte „Körperintelligenz".

Umsetzung

Zum Beispiel Spirituelle Intelligenz:

Bei Spiritualität denken wir an etwas Hohes, Erhabenes und vergessen dabei, dass es etwas mit dem Boden zu tun hat, auf dem wir stehen, mit dem Leib, den wir haben oder besser der wir sind. Im Angebot des Lassalle-Instituts wird deutlich: Spiritualität meint die Art und Weise, wie ich die Welt sehe: oberflächlich, eindimensional oder in ihrer Vielschichtigkeit; die Art und Weise auch, wie ich gehe, stehe und laufe; (wie ich gehe, so geht es mir, wie ich stehe, so steht es um mich, wie ich laufe, so läuft es bei mir). Spiritualität hat zu tun mit dem Atem, der mich am Leben hält und mit allem verbindet, was ist.

Das Lassalle-Institut hat es sich zum Ziel gesetzt IQ, EQ und SQ gleichmäßig zu entfalten.

Einheit, Verschiedenheit, Einzigartigkeit: drei Weisen des Seins von Mensch und Welt

Worum es geht

Leben ist isoliert nicht denkbar. Es beruht auf einem ständigen Austausch von Energien und Informationen. Alles hängt mit allem zusammen und alles wirkt auf alles zurück. Diese grundlegende Tatsache lässt sich mit empirischen Methoden verifizieren, angefangen von der Quantenphysik bis hin zur Meteorologie. Einheit und Interdependenz sind aber auch erfahrbar durch die entfaltete spirituelle Intelligenz. Das Wissen um die Einheit all dessen, was ist, liegt in uns verborgen wie ein Schatz im Acker.

Leben, unter bestimmten Voraussetzungen als Einheit erfahrbar, tritt uns zuerst in seiner *Verschiedenheit* entgegen: Vielfalt von Pflanzen, Tieren, Menschen, Kulturen, Nationen, Religionen… Zur Erfahrung der Einheit ist deshalb das Gespür für die Einheit in Verschiedenheit zu entwickeln.

Von ganzheitlicher (holistischer) Sicht können wir aber erst sprechen, wenn wir neben der Erfahrung der Einheit und der Verschiedenheit auch den Blick für die *Einzigartigkeit* aller Phänomene entwickeln. Es sind vor allem die emotionale und spirituelle Intelligenz, die uns erfahren lassen, dass in jedem Detail das Ganze enthalten ist. Jedes Blatt, jeder Grashalm, jeder Baum, jede Ameise und jeder Mensch ist ein „Holon" (ein Ganze-Teil) ein einzigartiger Ausdruck des ganzen Universums.

Umsetzung

Einheit:

Die Zen-Meditation, wie sie im Lassalle-Haus und im Institut gepflegt wird, erschließt den Zugang zu dieser Einheit und lässt uns erfahren, dass wir auf Gedeih und Verderb verbunden sind mit allem und allen.

Verschiedenheit:

Um diesen Reichtum zu erschließen, gilt es, offen und achtsam zuzuhören, die Ergänzungsmöglichkeiten in den Unterschieden und Widersprüchen heraus-zuarbeiten, ja sogar, die Verschiedenheit in der Einheit zu feiern. So wächst auch die Möglichkeit, auftauchende Spannungen auszuhalten und Konflikte auf konstruktive Weise zu lösen.

Menschen mit einer umfassenden Erfahrung der Einheit in Verschiedenheit ler-nen, die Angst vor dem Fremden und Unbekannten zu verlieren. Sie erkennen in den unterschiedlichen Menschen und Institutionen, Wertesystemen, Kultu-ren, Rassen und Nationen ein Ergänzungspotenzial.

Einzigartigkeit:

Wer die Dinge und Menschen in ihrer Einzigartigkeit erfährt, wird fähig, dem Leben in all seinen Formen voll Ehrfurcht, Staunen und Dankbarkeit zu begeg-nen – und ihm zu dienen.

Verantwortliches Handeln auf individueller (Mikro-), institutioneller (Meso-) und globaler (Makro-) Ebene

Worum es geht

„Agere sequitur esse". Gemäß diesem alten philosophischen Axiom ergibt sich das Handeln aus dem Sein: Wie ich bin, die Welt sehe und erfahre, so handle ich. Aus einem veränderten Bewusstsein wird sich eine neue Ethik als Grund-lage verantworteten Handelns ergeben.

Eine solche Ethik trägt der Einsicht Rechnung, dass das in uns wirksame Streben nach Selbsttranszendenz, das Streben, den momentanen Status quo zu überschreiten, nie gesättigt wird in der Gier nach immer mehr materiellen Werten und nach Wohlstand. Nicht das Mehr-Haben vermag die menschliche Sehnsucht zu stillen, sondern das Mehr-Sein.

Wir sind der Überzeugung, dass der homo sapiens nicht nur fähig ist, Probleme zu schaffen, sondern auch fähig ist, Probleme zu lösen. Voraussetzung ist (es sei nochmals betont) eine neue Ethik. Die alte, von den Griechen übernommene Definition – „Ethik ist Nachdenken über ein gutes Leben und über die Frage, wie wir uns diesem Leben annähern können" – genügt nicht. Mit Nachdenken allein können wir die Welt nicht verbessern. Betroffenheit ist notwendig. Deshalb ergänzen wir: Ethik ist achtsames Wahrnehmen von Leben in all seinen Formen, kluges Urteilen und entsprechendes Handeln.

Laut Leonardo Boff würde Ethik ohne Spiritualität zu einem kalten Katalog von Weisheiten verkommen und die verschiedenen Moralkodizes würden zu Instrumenten gesellschaftlicher Kontrolle und kultureller Beherrschung entarten. Grundlage einer neuen Ethik ist demnach nichts weniger als ein in dreifacher Weise (IQ, EQ, SQ) intelligentes, auf einer umfassenden Selbst- und Welterfahrung (Erfahrung von Einheit, Verschiedenheit und Einzigartigkeit) beruhendes Handeln, das sich nicht auf der individuellen Ebene erschöpft.

Umsetzung

Weltethos:

Was ist die Grundlage eines Handelns nach dem „Prinzip Verantwortung" (Hans Jonas)? Was ist Ethik? Anders gefragt: Was ist das ABC menschlichen Handelns? Es ist die nicht mehr zu hinterfragende Übereinkunft: So was tut man nicht. Dieser knappe Satz schließt die eigene Erfahrung mit ein: „Was du nicht willst, das man dir tut, das füge auch keinem anderen zu", oder positiv formuliert: „Was du willst, das man dir tut, das tue auch dem oder der anderen". Diese in allen großen Traditionen bekannte Verhaltensregel nennt man die „Goldene Regel". Sie gibt den Stoff her für ein universelles Ethos, wie es Hans Küng formuliert und das Parlament der Weltreligionen 1993 in Chicago verabschiedet hat.

Folgende Weisungen gehören dazu:

- Verpflichtung auf eine Kultur der Gewaltlosigkeit und der Ehrfurcht vor dem Leben;
- Verpflichtung auf eine Kultur der Solidarität und eine gerechte Wirtschaftsordnung;
- Verpflichtung auf eine Kultur der Toleranz und ein Leben in Wahrhaftigkeit;
- Verpflichtung auf eine Kultur der Gleichberechtigung und der Partnerschaft von Mann und Frau.

Dies sind Standards, unerlässlich für verantwortetes Handeln in der sogenannten „post-modernen Beliebigkeit".

Worum es geht

Es gehört daher zu den Charakteristika des Lassalle-Instituts, ethisches Denken und Handeln auf drei Ebenen zu betrachten und einzuüben: auf der Mikro-, Meso- und Makro-Ebene. Die Kursteilnehmerinnen und Kursteilnehmer lernen, die großen Themen unserer Zeit auf individueller, institutioneller und globaler Ebene anzugehen.

Umsetzung

Die Arbeit auf der Mikro-, Meso- und Makro-Ebene hilft uns, Konsequenzen zu ziehen aus der Tatsache, dass sich all unser Tun in Raum und Zeit auswirkt, dass z.B. die Schadstoffe nicht Halt an den Landesgrenzen machen und dass die Ressourcen, die wir verschwenden, kommenden Generationen fehlen werden. Ein Wirtschaften, welches sich in Share-Holder-Werten erschöpft und wie ein Parasit auf Kosten von Lebensqualität für alle wuchert, ist mit einer lebbaren Zukunft nicht vereinbar.

Gefordert ist eine Ethik, die der Umwelt, Mitwelt und Nachwelt Rechnung trägt.

Über die Autorinnen und Autoren

Anna Gamma, Dr. phil., ist Psychologin, autorisierte Zen-Meisterin der White Plum ASangha, Mitglied des Katharina-Werks und Leiterin des Zen-Zentrums Offener Kreis in Luzern, wo sie auch lebt. Aus dem Geist des Zen entwickelte sie Lehrgänge zur Förderung des ganzheitlichen Bewusstseins. Sie ist Autorin mehrerer Bücher, Dozentin und Referentin.

Zur Thematik dieses Buches führt sie Kurse und Lehrgänge in ihrem eigenen Institut in Luzern durch. (www.annagamma.ch)

Maria-Christina Eggers, M. A., dipl. Psychologin FH SBAP. Sie führt eine eigene Praxis zur Trauma-Heilung und ist Assistentin im Lehrgang Trauma-Heilung am Institut für Innere Ökologie, Zürich. Als Mitglied des Katharina-Werks wirkt sie in Friedensprojekten im Nahen Osten mit. Sie ist Autorin. (http://www.mc-eggers.ch)

Helen Jäggi-Kosic, MAS, Theologin. Sie bewirtschaftet einen Hof nach den Prinzipien der Permakultur in BiH und gründete das Zentrum „Farma Transforma". Sie ist Meditationsgruppenleiterin und arbeitet als Permakultur-Designerin. (http://farmatransformade.jimdo.com)

Niklaus Brantschen, ist Theologe, Schweizer Jesuit, autorisierter Zen-Meister der White Plum ASangha. Er gründete das Lassalle-Institut zusammen mit Pia Gyger innerhalb des Lassalle-Hauses in Bad Schönbrunn, Kanton Zug. Er ist Autor zahlreicher Bücher und Referent. (https://www.lassalle-haus.org)

Thomas Klink, Dipl. Ing., Dr. phil. I, leitet den Studiengang CAS Leadership Excellence an der Zürcher Hochschule für Angewandte Wissenschaften. Er konzipiert und begleitet Veränderungsvorhaben und Führungsentwicklungs-Programme in Unternehmen und Organisationen. (https://www.zhaw.ch)

Barbara v. Meibom, Prof. Dr., ist Politik- und Kommunikationswissen-schaftlerin, Dozentin, Coach und spirituelle Lehrerin. Sie gründete und leitet Comunio, Institut für Führungskunst, Berlin. Sie ist zudem Autorin zahlreicher Bücher. (http://www.communio-fuehrungskunst.de)

Literaturverzeichnis

Bauer, Joachim: *Prinzip Menschlichkeit.* Hamburg: Hoffmann und Campe Verlag 2008[2]

Benz, Arnold: *Die Zukunft des Universums.* Düsseldorf: Patmos Verlag 1998[2]

Brantschen, Niklaus: *Du selbst bist die Welt.* Zürich, Düsseldorf: Benziger Verlag 1997

Brantschen, Niklaus: *Auf dem Weg des Zen.* München: Kösel 2002

Brantschen, Niklaus, Gyger, Pia: *Es geht um die Liebe.* München: Kösel 2014[2]

Briskin, Alan. Erickson, Sheryl. Ott, John. Callanan, Tom: *The Power of Collective Wisdom.* San Francisco: Berrett-Koehler Publishers 2009

Buber, Martin: *Ich und Du.* Heidelberg: Verlag Lambert Schneider 1977

Buchholz, Ulrike, Knorre, Susanne: *Interne Unternehmenskommunikation in resilienten Organisationen.* Berlin Heidelberg: Springer-Verlage 2012

Caplow, Florence und Moon, Susan: *DAS VERBORGENE LICHT.* Berlin: edition steinrich, 2016

Capra, Fritjof: *Das Tao der Physik.* Bern, München, Wien: Scherz Verlag 1987[9]

Chia, Mantak: *Tao Yoga des Heilens.* München: Ansanta Verlag 2005[9]

De Chardin, Teilhard P.: *Der Mensch im Kosmos.* München: Verlag C.H. Beck 1959

De Chardin, Teilhard P.: *Die Menschliche Energie.* Olten: Walter-Verlag 1982[2]

De Chardin, Teilhard P.: *Das Herz der Materie.* Olten und Freiburg: Walter-Verlag 1990

Die Bibel. Freiburg im Breisgau: Herder Verlag 1980

Döll, Ermin (Hrsg.): *Der Weg der Meister.* Dietfurt: 1984

Dönges, Sascha und Brunner, Dubey Catherine: *Psychosynthese für die Praxis.* München: Kösel 2005

Duprée, Ulrich Emil: *Ho'oponopono.* Darmstadt: Schirmer Verlag 2016[23]

Dürr, Hans-Peter: *Auch die Wissenschaft spricht nur in Gleichnissen.* Freiburg im Breisgau: Verlag Herder 2004

Einstein, Albert: *Religion und Wissenschaft.* In: Dürr, Hans-Peter (Hrsg.): *Physik und Transzendenz.* Bern, München, Wien: Scherz Verlag 1988

Ende, Michael: *Momo.* München: Wilhelm Heyne Verlag 1996

Ferrucci, Piero: *Werde, was du bist. Selbstverwirklichung durch Psychosynthese.* Basel: Sphinx 1985[2]

Frankl, Viktor E.: *Der Mensch vor der Frage nach dem Sinn.* München: Piper Verlag 2015[27]

Gamma, Anna. Eugster, Jörg. Grünenfelder, Regula: *Ethik 2006.* Zürich: Verlag Neue Zürcher Zeitung 2006

Gamma, Anna: *Ruhig im Sturm.* Zen-Weisheiten für Menschen, die Verantwortung tragen. Berlin: edition steinrich 2015

Gamma, Anna: *schön, wild und weise.* Bielefeld: Theseus 2016[2]

Gebser, Jean: *Ursprung und Gegenwart.* Gesamtausgabe Band II. Schaffhausen: Novalis Verlag1978

Glassman, Bernie: *Zeugnis ablegen.* Berlin: Theseus Verlag 2001

Goleman, Daniel: *Emotionale Führung.* München: Econ Verlag 2002[2]

Goleman, Daniel: *Emotionale Intelligenz.* München: Deutscher Taschenbuch Verlag 2001

Groening, Lies: *Die lautlose Stimme der einen Hand.* Düsseldorf und Wien. Econ Verlag 1983

Gyger, Pia und Brantschen, Niklaus: *GEIST&Leadership.* Unveröffentlichtes Begleitheft. 2003

Gyger, Pia: *Mensch verbinde Erde und Himmel.* Luzern Stuttgart: Rex Verlag 2014[3]

Haas, Adolf: *Teilhard de Chardin Lexikon.* Freiburg im Breisgau: Verlag Herder 1971

Heisenberg, Werner: *Der Teil und das Ganze.* München: Pieper Verlag 2008[7]

Jäger, Willigis: *Geh den inneren Weg.* Freiburg im Breisgau: Verlag Herder 1999

Kabat-Zinn, Jon: *Gesund durch Meditation.* Bern, München, Wien: Otto Wilhelm Barth Verlag 2000[6]

Kabat-Zinn, Jon: *Zur Besinnung kommen.* Freimat: Arbor Verlag 2010[5]

Koestler, Arthur: *Das Gespenst der Maschine.* Wien: Molden Verlag 1968

Küng, Hans: *Projekt Weltethos.* München: R. Piper Verlag 1990

Küng, Hans und Kuschel, Karl-Josef (Hrsg): *Erklärung zum Weltethos.* R. Piper Verlag 1996[2]

Küstenmacher, Marion. Haberer, Tilmann. Küstenmacher, Werner, Kiki: *Gott 9.0*. Gütersloh: Gütersloher Verlagshaus 2012[5]

Laloux, Frederic: *Reinventing Organisations*. München: Verlag Franz Vahlen 2014

Laotse: *Tao te king*. Zürich: Buchclub Ex Libris 1976

Lassalle, Hugo M. Enomya: *Am Morgen einer besseren Welt*. Freiburg. Basel. Wien: Herder Verlag 1984

Laszlo, Ervin: *Kosmische Kreativität*. Frankfurt am Main und Leipzig: Insel Verlag 1997

Mettler-v. Meibom, Barbara: *Wertschätzung*. München: Kösel 2006

Mindell, Arnold: *Die Verbindung mit dem Urgrund des Seins*. Petersberg: Verlag Via Nova 2010

Moor, Paul: *Heilpädagogik*. Bern Stuttgart Wien: Verlag Hans Huber 1974[3]

Muller, Robert: *Planet der Hoffnung*. München, Goldmann Verlag 1986

Nhat Hanh, Thich: *Die Sonne mein Herz*. Küsnacht: Theseus Verlag 1989

Nhat Hanh, Thich: *Lächle deinem eigenen Herzen zu*. Freiburg im Breisgau: Verlag Herder 1995

Reihlen, Markus: *Organisation und Postmodere*. In: vordenker.de Copyright

Planck, Max: *Naturwissenschaft und Religion*. In: Dürr, Hans-Peter (Hrsg.): *Physik und Transzendenz*. Bern, München, Wien: Scherz Verlag 1988

Rosenberg, Marshall B.: *Gewaltfreie Kommunikation*. Paderborn: Junfermann Verlag 2003

Salzberg, Sharon: *Metta-Meditation*. Freiamt im Schwarzwald: Arbor Verlag 2014

Schmertzing, Georg: *Kraftfeld Herz*. Güllesheim: Verlag „Die Silberschnur" 2002

Sennet, Richard: *Zusammenarbeit*. München: Deutscher Taschenbuch Verlag GmbH 2015[2]

Silesius, Angelus: *Der Himmel ist in dir*. Zürich, Einsiedeln, Köln: Benziger Verlag 1982

Surowiecki, James: *The Wisdom of Crowds*. New York: Anchor Books 2005

Swimme, Brian: *Das Universum ist ein grüner Drache*. München: Claudius Verlag 1994[2]

Tulku, Tarab XI., Handberg, Lene (Hg.): *Einheit in der Vielfalt*. Berlin: Theseus Verlag 2005

Von Meibom, Barbara: *Spirituelles Selbstmanagement*. Bielefeld: J. Kamphausen Verlag 2009

Von Sengebuch, Peter: *Molukular- und Zellbiologie*. Berlin Heidelberg: Springer Verlag 1979

Ward, Peter D. und Brownlee, Donald: *Unsere einsame Erde*. Berlin Heidelberg: Springer Verlag 2001

Wilber, Ken: *Wege zum Selbst*. München: Goldmann Verlag 1991

Yamada, Koun: *Mumonkan*. München: Kösel Verlag 2011

Zohar, Danah, Marshall, Ian: *SQ. Spirituelle Intelligenz*. Bern, München, Wien: Scherz Verlag 2000

Literaturverzeichnis zum Text von Maria-Christina Eggers

Eggers, Maria-Christina. Gyger, Pia: *Aufstieg ins Licht*. München: Kösel 2009

Literaturverzeichnis zum Text von Niklaus Brantschen

Brantschen, Niklaus und Gyger, Pia: *Es geht um die Liebe*. Aus dem Leben eines zölibatären Paares. München: Kösel Verlag 2014[2]

Brantschen, Niklaus: *Mehr als alles*. Denkanstöße aus Zen und Christentum. München: Kösel Verlag 2012

Brantschen, Niklaus und Gyger, Pia: *Via Integralis*. Wo Zen und christliche Mystik sich begegnen. München: Kösel Verlag 2011

Brantschen, Niklaus: *Auf dem Weg des Zen*. Als Christ Buddhist. München: Kösel Verlag 2007[4]

Brantschen, Niklaus: *Du selbst bist die Welt*. Spiritualität und sozialpolitisches Engagement, Zürich, Düsseldorf: Benziger Verlag 1997

Brantschen, Niklaus: *Erfüllter Augenblick*. Orientierung für den Alltag, Düsseldorf 2007

De Chardin, Teilhard: *Vom Glück des Daseins*. Olten und Freiburg im Breisgau: Walter Verlag 1966

Hisamatsu, Hoseki Shinichi: *Die fünf Stände von Zen-Meister Tosan Ryokai*. Strukturanalyse des Erwachens. Stuttgart: Neseke Verlag 1984

Literaturverzeichnis zum Text von Thomas Klink

Brantschen, Niklaus (2007). *Das Viele und das Eine*. München: Kösel 2007

Deshimaru, Taisen Roshi: *Za-Zen*. Heidelberg: Kristkeitz Verlag 1978

Frankl, Victor Emil: *Das Leiden am sinnlosen Leben*. Freiburg: Herder Verlag 1977

Gamma, Anna: *Ruhig im Sturm*. Berlin: edition steinrich 2015

Kornfield, Jack: *Das weise Herz*. München: Arkana Verlag 2008

Laloux, Frederic: *Reinventing Organizations*. München: Vahlen Verlag 2015

Markowetz, Alexander; *Digitaler Burnout*. München: Droemer Verlag 2015

Sakyong Mipham: *Den Alltag erleuchten*. München: dtv 2007

Salzberg, Sharon und Thurman, Robert: *Umarme Deinen Feind*. München: Lotos Verlag 2014

Literaturverzeichnis zum Text von Barbara v. Meibom

Meibom, Barbara v.: *Deutschlands Chance*. Berlin: Europa Verlag 2013

Meibom, Barbara v.: *Brevier zur Führungskunst*. Bielefeld: tao 2016

Weitere Bücher aus dem Verlag Via Nova:

Das Buch der ewigen Weisheit
**Die Originaltexte der bedeutendsten Mystiker
in der Sprache unserer Zeit**
*Plotin, Meister Eckhart, Heinrich Seuse, Johannes Tauler,
Nikolaus von Kues, Angelus Silesius*
Ermin Döll

Hardcover, 240 Seiten, ISBN 978-3-86616-284-6

Es ist eine außerordentliche Leistung des Theologen Ermin Döll, ausge-
wählte historische Texte westlicher Mystiker zusammengetragen zu haben und in solch brillanter Weise in unserer modernen Sprache zu vermitteln, dass sie uns auch heute noch mitten ins Herz treffen. In diesem Buch
begegnen wir den heraus - ragendsten Mystikern der westlichen Welt,
ihren tiefsten Einsichten und Erfahrungen, die uns zeigen, dass die Suche und Sehnsucht nach dem
Einen nicht an Ort und Zeit gebunden ist. Die Lektüre wird für jeden spirituell Suchenden selbst zu
einem mystischen Ereignis und zu einer Schatztruhe spiritueller Inspiration und lebendiger Weisheit.
Auch zeigt es, welch großartige Tradition die westliche Hemisphäre an griechischen und christlichen
Mystikern von Plotin über Meister Eckhart bis Angelus Silesius besitzt.

Was die Welt zusammenhält
**Ein grundlegender Dialog über Materie und Geist
Dr. Hartwig Volbehr**

Paperback, 200 Seiten, ISBN 978-3-86616-283-9

Glauben und Wissen, Geist und Materie, Religion und Naturwissenschaft
– seit jeher scheinen dies Pole verschiedener Weltsichten zu sein. Und
dennoch: Immer steht die größte aller Fragen im Mittelpunkt, nämlich,
„was die Welt im Innersten zusammenhält". Mit viel Freude an der intellektuellen Auseinandersetzung führt das Buch den Leser auf eine fesselnde
Reise zu den elementaren Themen des Menschseins und berührt dabei
Fragen, die sich jeder von uns schon einmal gestellt hat. Dabei erweist
sich die Dialogform des Buches als großer Glücksfall und macht den Wi-
derstreit der zwei Seelen, die wir alle in der Brust haben, lebendig und nachvollziehbar. Machen Sie
sich gefasst auf eine faszinierende Expedi tion zum Ursprung aller Dinge und darauf, dass Ihr altes
Weltbild ins Wanken gerät!

Über den eigenen Schatten springen
**Vom Ego in die Liebe zum Leben
Claus Eurich**

Hardcover, 224 Seiten, ISBN 978-3-86616-315-7

Leben wir in einer Zeit des Übergangs? Vieles spricht dafür! Alte Denkwei-
sen und Handlungsstrategien scheinen den heutigen Herausforderungen
der Menschheit nicht mehr gerecht zu werden. Was braucht es also für
den nächsten Schritt der menschlichen Evolution? Jedenfalls ein grundle-
gend neues Verständnis über das Menschsein, der psychologischen, philosophischen und spirituellen Hintergründe seiner bisherigen Entwicklung
und vor allem: heilsame Einsichten und Erkenntnisse! Dies alles finden
Sie in diesem Buch, das uns im Tiefsten erinnern lässt an die großartigen
schöpferischen Potentiale, die in uns stecken, wenn wir nur lernen, unser Ego-Bewusstsein zu transzendieren. Entdecken Sie notwendig neue und heilsame geistig-spirituelle Horizonte – tiefgründig,
empathisch, hoffnungsvoll!

Worte der Kraft
aus „Ein Kurs in Wundern"
mit Interpretationen von Chuck Spezzano

Hardcover, 400 Seiten, ISBN 978-3-86616-358-4

Nicht viele Bücher der Menschheitsgeschichte haben eine solch große transformatorische Kraft und Dimension wie das Buch „Ein Kurs in Wundern". Auch der weltberühmte Weisheitslehrer Chuck Spezzano schöpft seit Jahrzehnten aus der göttlichen Inspiration dieses Meisterwerks. Er hat daraus für 365 Tage jeweils eine Botschaft in einem Satz ausgewählt und sie in einem kurzen Ausschnitt als Zitat in den Zusammenhang des Buchtextes gestellt. Er gibt dann seinen eigenen Kommentar zu den ausgewählten „Worten der Kraft",tief berührende Erläuterungen, Anregungen, Anstöße und Interpretationen. Dieses Buch ist ein wahrhaftiger „Seelen-Begleiter" im Alltag, durchdrungen von göttlicher Weisheit und Liebe. Es enthält Worte, die unser tiefstes inneres Sein nähren und erhellen können, und ist bestens geeignet für alle, die „Ein Kurs in Wundern" erst noch kennenlernen möchten.

Worte der Kraft
Karten-Set
Chuck Spezzano

366 Karten mit Anleitung, ISBN 978-3-86616-374-4

Wer sie im Leben und im Alltag benutzt, wer sich ernsthaft auf dieses einmalige Karten Set der Heilung einlässt, der darf kleine und große Wunder für sein Leben und sein inneres Wachstum erwarten. Denn dafür sind sie gemacht! Auf jeder Karte steht ein kraftvoller Satz aus dem Weisheitsbuch „Ein Kurs in Wundern" ausgewählt von Chuck Spezzano. Sie geben überraschende und hilfreiche Antworten auf unsere Lebensfragen und zeigen in jeder Situation und zu jeder Zeit den nächsten Schritt auf der Reise zu uns selbst! Sie ermutigen, belehren, erinnern uns, verbinden uns mit den unveränderlichen zeitlosen Wahrheiten und schenken jeden Tag Kraft, Zuversicht und neue Einsichten. Das handliche Format der Karten macht sie zum idealen Alltagsbegleiter, problemlos kann man sie überall bei sich tragen und bei Bedarf intuitiv ziehen.

Die Sprache des Herzens
Durch Heilung der Emotionen
ein Leben in Liebe führen
Chuck Spezzano

2. Teil der Fortsetzung des Bestsellers „Wenn es verletzt, ist es keine Liebe"

Hardcover, 224 Seiten, ISBN 978-3-86616-294-5

Mit seinem neuen Meisterwerk „Die Sprache des Herzens" präsentiert Chuck Spezzano den zweiten Teil der Fortsetzung seines Weltbestsellers „Wenn es verletzt, ist es keine Liebe". Schonungslos ehrlich beschreibt er die Welt der Emotionen und zeigt uns Wege der Heilung, die zu einem befreiten Leben voller Liebe führen können. In den 100 Lektionen setzt er auf seine unnachahmliche Art fort, was er schon in dem ersten Band „Emotionale Reife" begonnen hat: uns unnachgiebig, voller Empathie und Weisheit zu ermutigen und zu inspirieren, den Alltagssituationen mit größtmöglicher Wachheit und Wahrhaftigkeit zu begegnen. Wieder ein wunderbarer Wegweiser des Herzens, der uns zeigt, wie wir den Pfad der emotionalen Reife zu Ende gehen können. Denn die Sprache des Herzens bedarf keiner Worte mehr.

Warum lebe ich?
Wie ich meine Lebens-Lernaufgaben erkennen und lösen kann
Matt Galan Abend

Hardcover, 144 Seiten, ISBN 978-3-86616-331-7

Nichts in dieser Schöpfung geschieht zufällig – davon ist der Autor dieses Buches aufgrund Jahrzehnte langer Arbeit mit Menschen zutiefst überzeugt. Seine Botschaft: Hinter allen sich wiederholenden Dramen des Alltags stecken die zentralen Lernaufgaben unseres Lebens. Erst wer sie wirklich erkennt und sich ihnen stellt, erfährt jene Meisterschaft, die zu tiefer Ruhe und Gelassenheit führt. Dieses Buch hilft, seine wahre Lebensaufgabe zu erkennen. Wenn das nicht geschieht, werden wir so lange Leid und Enttäuschungen erfahren, bis sie uns bewusst wird und wir beginnen, sie zu verwirklichen. Wer versteht, dass das Leben sein bester Lehrmeister ist, weiß auch, dass er vom Großen Ganzen stets geführt, geschützt und getragen ist! Und wenn wirklich nichts zufällig geschieht, dann auch nicht, dass Sie jetzt dieses Buch entdeckt haben.

Alexander Jürries
Lebensqualität aus dem Inneren
Glücklich im Alltag, im Leben, im Sein

Paperback, 240 Seiten, ISBN 978-3-86616-395-9

Obwohl viele Menschen in unserer Zivilisation „alles" zu haben scheinen, stellt sich im materiellen Wohlstand nicht die Zufriedenheit ein, die man sich erhofft hat. Kein Wunder, sagt der bekannte Mentaltrainer und Coach Alexander Jürries, denn Lebensglück hängt von ganz anderen „Dingen" und Werten ab, und um es zu erlangen, braucht es eine bestimmte innere Ausrichtung und Orientierung. Wie wir in unserem alltäglichen Dasein eine neue Dimension der Lebensqualität sowie nachhaltige Zufriedenheit erfahren können, das stellt dieses Buch anschaulich und nachvollziehbar dar. Es ist sehr lesenswert für alle, die sich nicht mit weniger begnügen möchten als mit einem erfüllten Dasein und schon immer ahnten, dass wahrer Reichtum und echtes Wohlergehen nur von innen kommen kann!

Das Wasser des Lebens
Zen – Weisheit in den Märchen
Ermin Döll

Paperback, 144 Seiten mit 10 farbigen Bildern, ISBN 978-3-86616-388-1

Ermin Döll zeigt uns in diesem wundervoll gestalteten „Schatzbuch der Lebensweisheit", wie wir unsere altbekannten Märchen ganz neu lesen und erfahren können. Zugleich gelingt es dem Autor, im westlichen Leser Verständnis für die Spiritualität des Zen zu wecken. Die bunte Welt der Geschichten wird zu einem lebendigen Abbild unserer eigenen inneren Reise. Das tiefe Wissen über Zen, Meditation und Selbstentwicklung spiegelt sich wieder in der faszinierenden Weise, wie der Autor die Märchen neu zu interpretieren vermag. Denn ob Märchen oder „reale Welt" – wir sind alle auf der Suche nach Glück und Erfüllung, nach Heilung und Ganzwerden. Die zeitlose Weisheit der Märchen kann uns den Weg zur eigenen inneren Quelle offenbaren und für den Alltag Hilfe und Orientierung sein! Die farbigen Bilder der Künstlerin Martini Rieser-De Veen verstärken die Wirkung.

Die Vision vom göttlichen Menschen
Eine spirituelle Weg-Begleitung in das neue Jahrtausend
Barbara Schenkbier

Paperback, 424 Seiten, 21 ganzseitige Bilder, ISBN 978-3-928632-68-3
Prachtband: Geb., 424 Seiten, Einband Kunstleder mit Goldaufdruck,
21 ganzseitige Bilder, Zweifarbendruck, ISBN 978-3-928632-18-8

Das Buch ist ein umfassendes Standardwerk, das den Durchbruch einer neuen Evolutionsstufe im Bewusstsein des Menschen vorbereiten hilft. Aufbauend auf wissenschaftlichen Erkenntnissen und der mystischen Tradition aller Religionen führt es zu einem tieferen Wissen über das menschliche Bewusstsein, um dann den Weg zum göttlichen Menschen zu beleuchten. Alle wichtigen Schritte werden beschrieben, wesentliche Übungen aus einer neuen Sicht heraus dargestellt und die Transformationsstufe zu einem neuen Bewusstsein geschildert. Beim Lesen und Anwenden der beschriebenen Wahrheiten eröffnet sich dem Leser eine neue Sicht auf den Sinn des Lebens. Alle, die den geistigen Weg beschreiten, werden ihn besser verstehen, ihn bewusster, mutiger und konsequenter weitergehen. Das Buch ist aus der eigenen spirituellen Erfahrung der Autorin heraus geschrieben und eröffnet den Blick in eine Zukunft, die die evolutionäre Schöpferkraft selbst schaffen wird.

Der kosmische Tanz des Ursprungs
Wie das Sein persönliche und weltweite Probleme löst
Arnold Mindell

Paperback, 352 Seiten, ISBN 978-3-86616-338-6

Dieses Buch des weltweit bekannten amerikanischen Physikers, Psychologen und Mystikers Arnold Mindell eröffnet ein neues universelles Weltverständnis, in dem all unsere individuellen und sozialen Krisen und Konflikte lösbar werden. Erfahren Sie, wie sich das gesamte Universum, jedes Ding und jedes Lebewesen, seit seinem Ursprung in einem kosmischen Tanz der Verbundenheit aller Gegensätze befindet, und wie wir Menschen dies in der einzigartigen Methode des „Raumzeit-Träumen" erfahren und erkennen können. Insgesamt 40 meditativen Übungen, die weltweit in zahlreichen Seminaren erprobt wurden, regen an, diesen Paradigmenwechsel durch eine neue Bewusstseinsarbeit konkret zu vollziehen und lebendig werden zu lassen.

Die Mystik in den Weltreligionen
Spirituelle Wege und Übungsformen
Eckard Wolz-Gottwald

Hardcover, 288 Seiten, über 200 Grafiken, ISBN 978-3-86616-206-8

Das vorliegende Buch zeigt in einer umfassenden Übersicht die vielfältigen spirituellen Erkenntnisse, Entwicklungen und Übungsformen auf, die in den großen Weltreligionen entwickelt wurden. Es ist eine Enzyklopädie dieser mystischen Traditionen, die wissenschaftlich fundiert und exakt erarbeitet wurden und im Textzusammenhang auch durch zahlreiche Grafiken allgemeinverständlich erklärt werden. Der Leser erhält Informationen und Anregungen, den Blick über die Begrenzungen des eigenen Weges hinaus zu wagen und die verwandelnde Kraft in der Auseinandersetzung mit den spirituellen Wegen und Übungsformen der anderen Religionen zu entdecken.